LO
QUE
YO
VI

Lo que yo vi

Primera edición: octubre, 2022

© 2022, Laura Esquivel
Publicado por acuerdo con Casanovas & Lynch Literary Agency, S.L.

© 2022, derechos de edición mundiales en lengua castellana:
Penguin Random House Grupo Editorial, S. A. de C. V.
Blvd. Miguel de Cervantes Saavedra núm. 301, 1er piso,
colonia Granada, alcaldía Miguel Hidalgo, C.P. 11520,
Ciudad de México
©2022, Penguin Random House Grupo Editorial USA, LLC
8950 SW 74th Court, Suite 2010
Miami, FL 33156

penguinlibros.com

Colin Landeros, por el diseño de interiores y portada
Fotografías de interiores: © iStockphoto y cortesía de la autora

ISBN: 978-1-64473-664-7

Impreso en México – *Printed in Mexico*

22 23 24 25 26   10 9 8 7 6 5 4 3 2 1

LAURA ESQUIVEL

LO QUE YO VI

SUMA
de letras

ESCUELA PRIMARIA ANEXA A LA BENM
"REPÚBLICA DEL BRASIL"

LUX · PAX · VIS

HACE 72 AÑOS ABRÍ MIS OJOS POR PRIMERA VEZ. Desde entonces el mundo no ha dejado de sorprenderme. En mi memoria cuento con un archivo fotográfico bastante amplio y recurro a él con frecuencia. Sobre todo ahora que he pasado tantos meses de confinamiento buscando respuestas.

Si el sentido de la historia es la búsqueda del bien común, ¿en qué momento empezamos a interesarnos por el beneficio individual en vez del colectivo? ¿En qué momento aceptamos el discurso de la riqueza como el camino a seguir? ¿En qué momento el miedo comenzó a dictar nuestro comportamiento?

Estoy consciente de que el mundo visible tiene su origen en el invisible. El mundo exterior es un reflejo de la manera en que pensamos, de la manera en que imaginamos, de la manera en que soñamos y, por qué no, de la manera en que amamos. Todos hemos participado en el sostenimiento de un modelo que ahora se nos presenta como obsoleto. Muchas de las cosas que antes de la pandemia funcionaban ya no lo harán. El mundo ya cambió. Mi forma de verlo también.

Uno nunca ve lo mismo que el de al lado a pesar de que ambos estén presenciando el mismo acontecimiento. Uno ve lo que quiere ver. Lo que le enseñaron a ver. Lo que puede ver desde el lugar en donde esté colocado, pero nunca obtiene una visión de 360 grados. Para lograrlo sería necesario observar las cosas fuera del cuerpo y tal vez por eso veo mucho mejor con los ojos cerrados.

Desde esa mirada interna me gustaría iniciar una conversación con ustedes sobre lo que yo vi. Qué imágenes me han acompañado. Cuáles me marcaron, cuáles me transformaron. Cuando era niña veía cosas que ahora no veo y ahora veo cosas que antes me pasaban desapercibidas. Lo importante del caso será rescatar de entre esos pequeños fragmentos de vida vivida el anhelo de toda una comunidad que quiso construir un mundo mejor.

✳

ACÍ DENTRO DE UNA CASA UBICADA EN la colonia *Santo Tomás*. En la calle de Prolongación de Amado Nervo 44, que se encontraba justo enfrente a la casa de mis abuelos maternos. En un entorno completamente familiar. Y es que antes de que mis ojos, esas sofisticadas cámaras de cine, se formaran, antes de que mi madre fuera mi mamá y mi padre fuera mi papá, ya vivían en esa colonia. Ahí habían crecido, ahí se habían conocido, ahí se habían enamorado y finalmente casado.

Mi mamá fue la décima hija de una familia de 12 hermanos. Era una mujer bella, alegre, líder absoluta que gustaba de bailar y cantar. Mi padre, el más pequeño de una familia de 12 hermanos, fue un hombre deportista, poseedor de un gran sentido del humor, que en su juventud gustaba tocar la guitarra y llevar serenatas a mi mamá al pie de su balcón, cosa que nunca se le dificultó a pesar de que la familia de mi mamá algunas veces se mudó de casa, pues siempre hubo un balcón disponible para que pudiera hacerlo.

En mi colonia la vida sucedía la mitad del tiempo en el interior de las casas y la otra mitad en la calle, territorio compartido. A todos nos pertenecía. Las riñas callejeras sucedían como hechos aislados pero nunca se convirtieron en un problema de seguridad pública. Era difícil que los miembros de una pandilla llegaran a los golpes con los de otra. Y en caso de que sucediera, nadie sufría lesiones mayores. Nunca sentí temor de jugar en plena calle ni de hacer mandados para mi mamá.

Todo estaba a la mano, la tienda de ultramarinos, la recaudería, la mercería, la papelería, la carnicería, la peluquería, la pollería, el puesto de periódicos, la taquería, el salón de belleza y una de mis tienditas favoritas, que estaba a contra esquina de mi casa. Era un pequeño local en donde las señoras llevaban sus medias a reparar cuando se les había corrido un hilo y era atendido por dos hermanas, una de ellas muda pero que se daba a entender muy bien, sobre todo a la hora de cobrar. Era apasionante ver cómo con la ayuda de una especie de punzón recogía el hilo prófugo y lo iba subiendo poco a poco hasta que lo reintegraba totalmente a su lugar. Las cosas se reparaban en ese entonces, se reciclaban, no se tiraban. Las cosas se fabricaban para que duraran muchos años.

¡¡¡El refrigerador que mi mamá compró cuando se casó sigue funcionando!!! Ahora los fabrican de tal forma que en dos o tres años el motor se arruina y tienes que adquirir uno nuevo, en una lógica absurda de consumismo. Antes uno lucía con orgullo el reloj heredado del abuelo. Y yo sigo utilizando los sartenes de hierro forjado que mi abuela trajo con ella cuando dejó Piedras Negras, su tierra natal, para venir a vivir a la capital en tiempos de la Revolución mexicana.

La vida dentro de mi colonia era muy agradable. Todo aquello que necesitáramos podíamos obtenerlo con sólo caminar unos cuantos pasos. Debajo de mi casa estaba la farmacia que atendían Maruca y Agustín. A unos pasos, estaba la panadería en donde comprábamos el pan recién salido del horno y a la vuelta de la esquina estaba la tortillería en donde las tortillas se hacían a mano. Muchas veces me tocó hacer la fila eterna de las tortillas. Las tortilleras palmeaban la masa de maíz sentadas en círculo frente a un gran comal de barro colocado sobre brasas. Lo hacían a gran velocidad pero aun así tomaba un rato antes de que un kilo de tortillas estuviera listo. Estoy segura que los jóvenes de esta época que tuvieran que hacer la cola de las tortillas sin un celular a mano fácilmente experimentarían síndrome de abstinencia. Se les haría difícil entender que ese tiempo de espera valía la pena, no sólo por el sabor de las tortillas sino porque uno nunca hacía la fila totalmente solo, siempre pasaba por ahí algún amigo y se detenía a conversar con nosotros.

Enfrente de mi casa y justo debajo de la de mi abuela había una tienda en donde se vendían unos combustibles que no eran otra cosa que unos paquetes rellenos de serrín para calentar el "boiler", ya que no teníamos calentador de gas.

Tengo muy claro el recuerdo de una tarde de verano en que mi mamá calentó el agua del "boiler" para que me bañara. El cuarto de baño era pequeño pero tenía lo indispensable: una tina, un

LO QUE YO VI
LO QUE YO VI

lavamanos y un WC con su caja de depósito de
agua en un nivel superior que uno accionaba al
jalar una cadena. Por la ventana del baño uno
podía ver el cielo. Esa tarde se filtraban los colores
del atardecer que abarcaban una gama enorme de
tonalidades que iban del rosa al morado pasando
por el amarillo-naranja encendido. Ese baño de luz
tocó mi corazón llenándolo de serenidad y provocó
que en mi memoria se quedara grabada por siempre la imagen del cielo junto con el olor del com-
bustible que se estaba quemando, el sonido del
silbato del vendedor ambulante de camotes que
pasaba bajo la ventana, la luminosa sonrisa de
mamá y una sensación de paz indescriptible. A
la distancia de los años puedo decir que esa tarde
experimenté un momento de dicha tan enorme que
lo puedo catalogar como un momento de amor.

Años después, cuando tenía aproximadamente
13 años, estaba sacudiendo y trapeando el comedor como parte de las labores domésticas que se nos
asignaban a mis hermanas y a mí, mismas que eran
supervisadas meticulosamente por mi mamá. Si
ella no daba el visto bueno, había que sacudir y tra-
pear de nuevo. Bueno, el caso es que en el comedor

había una consola para escuchar discos y aproveché la oportunidad que tenía de estar sola en ese espacio para disfrutar un disco de Bobby Vinton que recién había adquirido en la disquera Orfeón, que estaba ubicada a una cuadra de mi casa sobre la calzada México Tacuba, avenida que tristemente pasaría a la historia debido a que en el año de 1971 un grupo paramilitar llamado Los Halcones reprimió brutal-mente una manifestación estudiantil.

Yo descubrí a Bobby Vinton en un programa radial que se transmitía en Radio Centro, mi esta-ción favorita, y de inmediato quise comprar el disco para poder escucharlo una y otra vez. Ese día en cuestión, entre trapeada y trapeada, escuchaba el tema de Mr. Lonely cuando me sorprendió un sentimiento que no pude identificar claramente. Era como si en el centro de mi corazón entrara una energía poderosísima que expandía mi pecho con fuerza.

En el año de 1987, cuando estaba escribiendo Como agua para chocolate, traté de describir esa misma sensación en el momento en que Tita recibe la primera mirada de amor de Pedro.

En ese momento comprendió perfectamente lo que debe sentir la masa de un buñuelo al entrar en contacto con el aceite hirviendo. Era tan real la sensación de calor que invadía su cuerpo que ante el temor de que, como a un buñuelo, le empezaran a brotar burbujas por todo el cuerpo —la cara, el vientre, el corazón, los senos— Tita no pudo sostenerle esa mirada y bajando la vista cruzó rápidamente el salón hasta el extremo opuesto...

No fue exactamente así lo que yo experimenté al estar escuchando el disco cuando era niña, pero ciertamente la voz de Bobby Vinton fue una anticipación musical del papel que el amor jugaría en mi vida. En esa época yo ni siquiera hablaba inglés, no sabía lo que Bobby estaba diciendo, lo único que tengo claro es que ese día me enamoré del amor. Ahora entiendo a la perfección la letra y sé que habla de una gran soledad. Recientemente, la pandemia me brindó el tiempo suficiente para sacudir mis discos viejos y ponerme a escucharlos. Fue muy conmovedor encontrarme con la voz de este viejo conocido que hizo vibrar en mi pecho un bello recuerdo.

El concepto del amor que ahora tengo en nada se asemeja al que imaginaba cuando niña. Busqué el amor intensamente. Varias veces creí estar enamorada pero confundí el amor con codependencia, con deseo, con posesión o francamente con miedo, al grado de llegar a tenerle amor al miedo y miedo al amor.

Fue hasta el año de 1992 en el interior de un ashram de la ciudad de Los Ángeles al que acudí invitada por Syd Field, mi querido maestro de guion cinematográfico, que descubrí lo que era el amor, el verdadero amor. En ese momento yo estaba atravesando por un divorcio doloroso y Syd, consciente de mi sufrimiento, tuvo una idea que nunca me cansaré de agradecerle. Me invitó a una ceremonia que tendría lugar en su centro de meditación. Una vez cada año, se cantaban cantos sagrados por 24 horas. Yo fui invitada a integrarme a la ceremonia final, justo una hora antes de que terminara el ciclo iniciado un día antes. Desde que di el primer paso al interior del recinto mi estado de ánimo cambió por completo y cuando me senté en el piso en posición de loto y me uní al canto sentí un disparo de luz en mi interior. Han pasado muchos años y aún no encuentro palabras para describirlo.

La luz inundaba todo mi ser, la veía incluso con los ojos cerrados y me resultó imposible contener el llanto, no por el amor que estaba perdiendo sino por el amor que estaba sintiendo. Era una emoción tan grande que expandía mi pecho a niveles desconocidos. Pensé que tal vez ése era el amor del que los grandes místicos hablaban. Comprendí que el amor es una energía que está a nuestra disposición a cada instante. No es algo que alguien fuera de nosotros nos dé o nos pueda quitar, no, el amor está dentro de nosotros porque es nuestra verdadera esencia. Somos parte de esa luz.

Pasaron muchos años desde la primera vez que escuché la voz de Bobby Vinton interpretar Mr. Lonely. Lo disfruté enormemente en esa tarde de silencio y soledad aunque ahora tengo la plena consciencia de que uno nunca está solo. Nos acompañan en todo momento todo tipo de presencias, de voces, de imágenes, de instantes luminosos que no son nada más que amor.

❋

CUANDO NO
HABÍA PLÁSTICO

 UANDO YO ERA NIÑA NO HABÍA BOLSAS DE *plástico. Bueno, sí había, pero no se utilizaban de manera indiscriminada como en estos tiempos. La gente utilizaba canastas o bolsas tejidas con fibras naturales para hacer sus compras. En los puestos del mercado, por ejemplo, las frutas y las verduras se colocaban dentro de unos cucuruchos de papel periódico, mismos que luego mi mamá utilizaba para limpiar los vidrios. Los productos que comprábamos en la carnicería, en el puesto de pescado o en la pollería se envolvían primero en papel encerado y ya luego en el periódico por aquello de la humedad. Al llegar a casa, me gustaba sacar las provisiones y con mi mano "planchar" los trozos de papel periódico en los que venían envueltas nuestras provisiones pues así me enteraba de noticias diferentes a las que se*

publicaban en el periódico que recibíamos en casa,
ya que provenían de periódicos especializados en
deportes o espectáculos. Considero que este método
de empacar los alimentos era mucho más adecuado,
aparte de ecológico. En verdad que no necesitamos
tanta bolsa de plástico en nuestras vidas. Claro que
esta reflexión la puedo hacer a la luz del desastre
ecológico que los envases y empaques de plástico han
ocasionado en el medio ambiente. Los invito a hacer
un simple experimento: guarden en su closet todo el
plástico que utilizan en un año y ¡¡¡verán que no les
quedará espacio para nada más!!!

Es una pena que en el pasado no vimos a tiempo
los peligros que acarrearía el uso descomunal del
plástico. Les pido perdón a los jóvenes por haber
sido tan ciegos.

Recuerdo que cuando cursaba el 4º año de primaria tuve que exponer frente al grupo una con-
ferencia sobre el petróleo y los productos derivados
de él. Me preparé lo mejor que pude. En esa época
no existía Google pero contábamos con la señora
Josefina, la dueña de la "Atenas", la papelería
de la cuadra, ella me recomendó unas excelentes
monografías donde obtuve todo lo que necesitaba

saber. Para complementar mi exposición, armé una torre de petróleo con palitos de madera y al día siguiente me presenté en la escuela llevando una bella maqueta en las manos. Hablé frente a mis compañeros sobre los beneficios que traerían a nuestras vidas los productos derivados del petróleo pero nunca me imaginé que con el tiempo los plásticos iban a inundar alarmantemente los mares.

Nuevos descubrimientos científicos hablan de que algunos de los peces que extraemos del mar contienen en su interior micropartículas de plástico. Cuando veo esto me siento preocupada y apenada. Ya no puedo ver los acuosos ojos de los pescados con la misma inocencia con la que lo hacía de niña. Me duele lo que sucede en los mares. Me apena vivir en mundo suicida y depredador. ¡¡¡Un mundo que se dedica a producir y producir y envolver y envolver en plástico todo lo que puede!!! ¡Ante los ojos de los peces hemos de parecer tan absurdos y torpes! Somos la única especie animal que produce basura a gran escala. ¿Con qué cara les podemos pedir una disculpa a los peces y explicar que nunca imaginamos lo que les podía suceder al lanzar tanto plástico al mar?

No sólo eso, antes de la Segunda Guerra Mundial, los detergentes eran fabricados con aceites y grasas naturales provenientes de plantas y animales, pero debido al conflicto bélico estos productos comenzaron a escasear y entonces se optó por fabricar detergentes sintéticos. Este tipo de detergentes viaja por el drenaje y llega hasta los mares ocasionando daños en la vida acuática. Pero en esos años ¡yo qué iba a saber! Es más, confieso que me proporcionaba seguridad llevar en mi mochila una cantimplora de plástico a prueba de escurrimientos a pesar de que cuando la llevaba a mis labios percibía un sabor raro en el agua de limón. La utilización del plástico se miraba como parte del desarrollo, de la modernidad.

Sin embargo, mi mamá no se dejó convencer del todo, a no ser por las cantimploras, prefería los frascos de vidrio y las bolsas tejidas. Cuando la acompañábamos al mercado, sabíamos que antes de salir era indispensable tomar una bolsa de yute. Obviamente la ida y el regreso se realizaban a pie. En esa época había muy pocos automóviles, si acaso, uno por familia. No más. La gran mayoría nos movilizábamos en camión para largas distancias y a pie para las cortas. Elegíamos la segunda opción para ir al mandado ya que no tenía sentido ir en coche cuando el mercado quedaba sólo a 8 cuadras de distancia y perfectamente podíamos caminarlas. La ida no era el problema, el regreso era más complicado. Las bolsas con las compras diarias pesaban mucho. Tanto que yo o alguna de mis hermanas teníamos que tomar una de las asas y mi mamá la del otro lado de la bolsa. El peso repartido entre dos siempre resultaba menor.

Parece muy simple pero implicaba un alto grado de dificultad porque se requería de gran coordinación entre ambas partes. Teníamos que llevar el mismo paso. El mismo ritmo. Si una caminaba más rápido que la otra podía provocar un desbalance tal que la bolsa se bamboleaba y te pegaba en las piernas, y como el yute es rasposito, te dejaba un arañazo marcado. Ésos eran los riesgos a los que uno se enfrentaba entonces, ahora nos exponemos al contagio de un virus que puede quitarnos la vida.

Nuestra casa estaba cerca de dos mercados: el de San Cosme y el de Santa Julia. Mi mamá era conocida por todos los marchantes de ambos mercados y con algunos llegó a desarrollar grandes lazos de amistad. Me viene a la mente Esteban, el de la pescadería, y el olor característico de su puesto. Mientras mi mamá compraba y conversaba con Esteban, yo observaba los pescados. Una forma de ver si el pescado está fresco es oprimiendo uno de sus ojos. Otra es la de pasar la mano sobre su piel para ver si las escamas se quedan en su sitio o se desprenden. Si esto sucede significa que el pescado es viejo. Mi mamá realizaba esta inspección con gran naturalidad sin perder el hilo de la conversación mientras yo me concentraba en observar la mirada ausente de los pescados. Me inquietaba pensar qué era lo último que habían visto antes de morir y si habrían sentido algo de dolor al momento de abandonar el agua. Supongo que atrás de estos pensamientos había un cierto sentimiento de culpa.

En ese entonces lejos estaba de saber de física cuántica y que el universo no existe sin un observador. Si el observador determina lo observado, ¿la vida muere cuando cerramos los ojos, cuando ignoramos, cuando desconocemos?

Este conocimiento me habría sido muy útil pues me habría confirmado que los pescados del puesto de Esteban no me consideraban responsable de su muerte, es más, ni siquiera estaban conscientes de mi existencia, ya que nunca me habían visto.

Y me habría servido para comprobar que Cristóbal Colón no descubrió un nuevo mundo. América siempre había estado ahí pero él no lo sabía. A partir de que él desembarcó se convirtió en parte de su universo conocido. Ya no lo pudo olvidar. Y aquello que no podemos olvidar no muere.

Los mercados de mi infancia viven en mí. Los recuerdo con cariño y nostalgia.

Tal vez por eso, cuando viajo fuera de México, lo primero que hago al llegar a un lugar desconocido es visitar su mercado. Sé que ahí encontraré el pulso de esa ciudad. Tengo un recuerdo muy bello de un día que visité el magnífico mercado de la Boquería en Barcelona. En esa ocasión estaba lanzando el libro de La ley del amor. Iba recorriendo los puestos en compañía de Julio Ollero, uno de mis editores favoritos, y de pronto me detuve frente al de pescados. Me quedé observándolos como era mi costumbre y la dueña del puesto —que en México llamamos marchanta— me reconoció, pues me había visto momentos antes en una entrevista de televisión y me preguntó: "¿Usted es Laura Esquivel?" Le respondí que sí y entonces sucedió el milagro del reencuentro. La marchanta salió de atrás del mostrador y me abrazó conmovida. Luego fue a buscar dentro de unas cajas una receta escrita a mano por su abuela para preparar el bacalao y me la regaló. La sigo conservando. La recibí con mucho agrado y emoción. Me sentí en el mercado de San Cosme, en mi ambiente conocido; en las manos de esa mujer reconocí a las de Esteban y las de todos los queridos marchantes que me vieron crecer. Reconectar con lo conocido es un proceso tan natural como respirar. No se requiere de un esfuerzo adicional. Es traer al presente los olores, los sabores, los colores, las risas, los abrazos, la sensación de pertenencia. Uno es de donde jugó, de donde creció, de donde aprendió a bailar, de donde comió, de donde amó. Reconocerse en el otro no requiere de mayor aprendizaje; sin embargo, sería bueno que alguien nos recordara cómo se le hace para reconectar con el agua, con los árboles, con la tierra, con el aire que respiramos y que va cargado de vida, de espíritu. Recordar es volver al corazón. Nuestros ancestros nos dicen que hay un corazón en el cielo, otro

en la tierra, y cuando somos capaces de armonizar nuestro latido, nuestra vibración con el de ellos,
nos convertimos en seres cósmicos que pulsan a un
mismo ritmo.

Esta Navidad voy a preparar bacalao con la
receta de la abuela que algún día esa marchanta
del mercado de la Boquería me compartió. Cele-
braré sólo con mi hija Sandra, mi yerno Eamon y
mi nieto Miguel, pero sé que también estará presente la abuela catalana, quien de seguro se sen-
tará al lado de mi abuela para supervisar que
prepare correctamente las tradicionales tortas de
Navidad y las ponga a serenar bajo la luz de la
luna. Este año mis tortas recibirán el baño de luz
de la estrella de Belén, de esa maravillosa conjunción planetaria que tiene lugar con la alineación
de Júpiter y Saturno. Estas fiestas decembrinas
serán diferentes por varios motivos, entre otros,
el del coronavirus. Estamos viviendo tiempos de
cambio, de grandes transformaciones. De nosotros
depende el futuro. Todo indica que esa estrella de
Belén que alumbra nuestro cielo después de cientos de años será el mejor augurio para los tiempos
venideros. Nos dará nueva luz, nueva vibración,

nuevo conocimiento. Espero que le saquemos el mejor provecho a esta oportunidad que tenemos de elegir cómo queremos vivir. Cuántos contaminantes queremos o no seguir arrojando al mar. Cuántos plásticos queremos acumular en las playas, en las laderas de las montañas, en la calle. Qué queremos sembrar, qué queremos cosechar, qué queremos beber, qué queremos respirar, qué queremos compartir. Estoy segura de que podemos hacerlo mejor. El primer paso que tenemos que dar es imaginar.

Ése quiero que sea mi regalo de Navidad para todos ustedes: una invitación para imaginar, como lo propuso John Lennon cuando escribió "Imagine".

En el año de 1996 produje el disco de mi querida

amiga Betsy Pecanins llamado _Solo Beatles_, que contiene canciones de esa maravillosa banda que marcó a generaciones. Espero que lo disfruten.

Y soñamos que aquella época sería inmortal, que el tiempo nunca pasaría y que los Beatles serían la imagen de la permanencia de nuestro deseo. Sin embargo, a la muerte de Lennon se dijo que el sueño había terminado; como si las etapas de la historia pudieran abolirse, como si la muerte pudiera derrotar a la memoria. Muchos caímos en un profundo insomnio del que ahora somos rescatados gracias a la prodigiosa voz, el sentimiento y la riqueza artística de Betsy Pecanins, quien nos ofrece esta excepcional interpretación de la música de los Beatles y nos confirma que el sueño continúa.

Laura Esquivel, 1996.
Feliz Año.

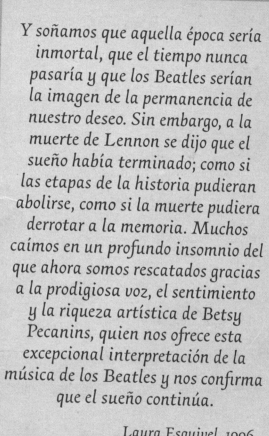

CUANDO NO HABÍA NOTICIERO

UANDO YO ERA NIÑA, ME IBA A DORMIR *después de haber visto algún programa que se transmitía por televisión. En esa época no había noticieros nocturnos que nos mostraran lo peor del ser humano y nos machacaran una y otra vez quién mató a quién, quién robó a quién, quién destruyó, desmembró, secuestró o cosas por el estilo. No.*

Cada noche acostumbrábamos reunirnos en familia para disfrutar de la programación. Sólo había una televisión en casa, no como sucede ahora que cada quien tiene una en su recámara. Tampoco había muchos canales dónde elegir. Si acaso tres. Así que era fácil llegar a un consenso sobre lo que íbamos a ver. Uno de los programas que me encantaban era el del Estudio Raleigh. Era de revista musical. El anfitrión era don Pedro

Vargas y cada noche tenía un invitado distinto. Ahí vi cantar a Toña la Negra, Agustín Lara, las Hermanas Águila y bailar a la pareja de Corona y Arau. Ni idea tenía que muchos años más tarde iba a casarme con Alfonso Arau, uno de los magníficos bailarines.

En ese entonces uno se dormía feliz después de haber escuchado voces maravillosas de seres humanos que no tenían las chichis operadas ni bótox en los labios, sino que derrochaban talento. Todos nos identificábamos con ellos porque eran gente como uno.

Nunca tuve conciencia que el acto colectivo de decidir conjuntamente las imágenes y sonidos que nos iban a acompañar más allá de la duración del programa no era otra cosa que memoria colectiva que cocreábamos cada vez que nos reuníamos frente al televisor. Sin saberlo, noche tras noche íbamos creando genes de información musical no sólo entre los miembros de mi familia sino entre todos los vecinos a los que invitábamos a ver la televisión en casa, pues nosotros poseíamos una de las pocas televisiones de la cuadra. Sin duda esas noches dejaron rastros. Ahora sabemos que las emociones son energía en movimiento que crea moléculas, que crean materia, que vibran, que hablan el mismo lenguaje de un universo resonante. Dependiendo del interlocutor es el diálogo, dependiendo del diálogo es la emoción, dependiendo de la emoción es el pensamiento, dependiendo del pensamiento será la manera en que funcionará nuestra biología, nuestra química, nuestra mente.

Después de ver el Estudio Raleigh les aseguro que dormíamos felices. No como ahora que cuesta trabajo conciliar el sueño después de ver tantos horrores. Lo peor es que a pesar de que hay muchas opciones y cientos de canales es realmente difícil encontrar algo que valga la pena como para prestarle atención.

Es un poco como sucede con la democracia: cuando votamos sentimos que estamos ejerciendo nuestro derecho al voto con total libertad, y que estamos eligiendo por nosotros mismos, lo cual es una falsedad, pues antes que nosotros fueron los partidos políticos los que eligieron a los candidatos que aparecerían en las boletas y nosotros sólo podemos votar entre los que integran dicha selección. Siempre hay una voz oculta, atrás de tal o cual decisión, pero nadie la escucha, pasa desapercibida para la gran mayoría. Es como cuando yo escuchaba cantar a mi mamá en las reuniones familiares. Sus hermanos siempre le pedían que ella fuera la que hiciera la segunda voz, cosa que hacía con gran facilidad y espectacularidad. Una vez le pregunté que cómo lo lograba, cómo era que podía cantar sin contagiarse de la melodía de la primera voz y ella me respondió: "Es muy fácil, la música misma te está dando el tono, ¿no lo escuchas?" Y no, no lo escuchaba entonces y sigo sin poder hacerlo.

En una de las conversaciones que tuve con mi hermano antes de que muriera hablamos sobre el canto de mi mamá y me confesó que él siempre le había pedido que le enseñara a hacer la segunda voz, y que nunca logró aprender; pero que ahora que estaba viejo había comenzado a "escuchar" la segunda voz, tal vez porque el ruido del mundo había dejado de interesarle. "Efectivamente ahí está esa voz", me dijo. "Sólo hay que estar atento a su vibración." Yo sigo sin escucharla.

De lo que sí estoy consciente, y cada vez más, es de la otra voz latente que se esconde detrás de cada programa de televisión, de cada película, de cada conversación. De eso que no se pronuncia pero que igual se dice. Con los años he ido afinando ese "oído" sutil para descifrar el mensaje que viaja de incógnito detrás de cada texto, cada imagen o cada diálogo. Ojalá que lo hubiera descifrado antes. Me habría sido de mucha utilidad cuando era niña, pues aunque no hubiera podido impedir su propagación, al menos podría haber dado la voz de alarma en el momento justo en que el consumismo se comenzó a infiltrar en nuestras vidas.

Por ejemplo, atrás de esos programas de variedades que tanto disfrutábamos, fueron apareciendo patrocinadores, en el caso de la Revista Musical Nescafé, era el polvo que se diluía directamente sobre una taza de agua caliente y listo. Utilizar ese polvo ahorraba tiempo, ¿para qué? ¡Obviamente para producir! ¿Qué? Todo aquello que supuestamente nos llevaría de la mano hacia un mundo mejor.

Y así comenzamos a dar oídos a la voz equivocada y dejamos de escuchar la "otra voz", ésa con la que dialogábamos con la naturaleza, y dejamos de escuchar el quejido de la tierra cuando la cubríamos de cemento y los murmullos de los ríos cuando contaminábamos sus aguas y dejamos de oír el lamento de las mariposas monarca cuando talábamos sus bosques.

Permitimos que alguien más decidiera lo que teníamos que escuchar y dejamos que esa voz nos indicara lo que teníamos que hacer y lo que teníamos que comprar. Y poco a poco fuimos obedeciendo a esa voz demente que nos empujaba a comprar pan de caja y pastelillos fabricados en serie aunque no tuvieran el aroma del horno de mamá ni productos de calidad en su elaboración.

Y nos matamos por adquirir secadoras de ropa eléctricas y dejamos de asolear nuestras sábanas en los tendederos. Y empezamos a acumular y acumular tantas cosas que los roperos ya no fueron suficientes para almacenar nuestros objetos personales y tuvimos que optar por closets de pared a pared. Las calles fueron cediendo lugar a los coches y se transformaron en grandes estacionamientos, y todos nosotros perdimos espacio para el juego. Los cambios fueron tan vertiginosos que nunca nos dimos cuenta que la sociedad de consumo no sólo alteró nuestra organización social y familiar, sino depositó dentro de cada uno de nosotros la semilla de la separación. De ahí en adelante, los que tenían serían diferenciados de los que no tenían. Unos y otros seríamos catalogados, etiquetados. Y el "yo" se impuso sobre el "nosotros".

Cuando jugábamos libremente en la calle, todos sabíamos quién era más bueno para meter gol o para dar giros en la bicicleta y puede que alguno que otro sintiera envidia, pero en el fondo todos celebrábamos los triunfos de nuestro equipo. Yo jugaba sin problema con el hijo de la tortillera. Mi hermano nació el mismo día que otro de los hijos de doña Trini y siempre se consideraron hermanos. Se decían hermanos. Crecieron juntos, patearon el balón juntos, aprendieron a gatear y a caminar al mismo tiempo. Años más tarde y tal vez debido a que no pudieron tener las mismas oportunidades, las diferencias entre uno y otro se fueron agudizando. Mi hermano fue a la universidad, "el Ché" —como cariñosamente lo llamábamos— no pudo hacerlo. Mi hermano alcanzó una estatura de 1.85 centímetros y el Ché se quedó chaparrito. Todos esos elementos, y algunos muchos que debo desconocer, empujaron al Ché al alcoholismo.

Recuerdo un día en que en plena madrugada escuchamos que alguien tocaba el timbre
de la puerta de manera insistente. Mi mamá se
levantó, subió la cortina de su recámara que daba
a la calle y descubrió al Ché quien venía acompañado de un grupo de amigos igual de borra-
chos que él. Buscaba a mi hermano. En esa época
mi hermano ya no vivía con nosotros, cuando
terminó su carrera de Medicina se fue a hacer
una especialidad a Estados Unidos y ya nunca
regresó.

—Doña Pepa, por favor dígales a mis amigos que es cierto que aquí vive mi hermano Julio...
Dígales que tengo un hermano doctor...

Mi mamá confirmó la versión del Ché. Ninguno de sus amigos se atrevió a preguntar que
cómo era eso, si mi mamá era la mamá del hermano del Ché, ¿también era su mamá? Tal vez
estaban tan embriagados que ninguno reparó
en ello. Luego de dialogar un rato con ellos, mi
mamá les pidió amablemente que se retiraran y
así lo hicieron.

Para mí es claro que el Ché y Julio eran hermanos.
¿Cómo no lo iban a ser? Las relaciones de herman-

dad se establecen entre los miembros de una comunidad que juega, que come, que baila, que celebraba nacimientos y muertes de manera común.

A partir de los años sesenta la vida dentro de nuestra comunidad vecinal se alteró. Ese barrio abierto, caminable, integrado, fue perdiendo miembros. Las familias que gozaban de cierto estatus económico se mudaron. Aún recuerdo el dolor que experimenté el día en que Rubén, uno de mis mejores amigos, se mudó a Ciudad Satélite. Éramos de la misma edad, ¡¡¡crecimos juntos, jugamos juntos, paseamos juntos, caminábamos a la secundaria juntos, veíamos la televisión juntos y bailábamos juntos!!! Rubén era una buena pareja de baile. Nos acoplábamos bien.

Todos los sábados mi mamá nos organizaba unas "tardeadas" en el patio de mi casa. Nos preparaba unos sándwiches, comprábamos refrescos y nos hacía un pastel. Poníamos un tocadiscos y ¡¡¡a bailar!!! Fueron tardes inolvidables. A las 9 de la noche mi mamá despedía a todos y a sus casas. Al día siguiente había que lavar el patio y regresar las botellas de refresco. Cuando hablo de refresco me refiero a los que entonces eran bebidas nacionales: Jarritos, Pascual, Peñafiel, Chaparritas, Lulú, Garcicrespo, no sólo a los refrescos de cola. En aquel entonces todos los envases de vidrio se devolvían y uno recuperaba el depósito que había dejado por ellos. Lo mismo sucedía con los cascos de las cervezas y la leche. Esta última no había necesidad de retornarla en la tienda. Diariamente el lechero iba casa por casa llevando leche fresca y recogiendo los frascos vacíos. Esa leche no era pasteurizada, era leche bronca que se tenía que poner a hervir y en la superficie se le hacía una costra deliciosa, una nata. Con ella mi mamá hacía el pastel para las tardeadas. Fue una pena que desaparecieran de mi vida esas maravillosas reuniones. Fue una pena que como comunidad vecinal perdiéramos lo esencial en aras del desarrollo. Y me pregunto si se puede hablar de desarrollo frente a las grandes carencias económicas de millones de personas. Con el paso de los años la brecha entre pobres y ricos cada día se fue haciendo mayor, hasta que un virus nos igualó. Nos colocó en la misma situación. En estos momentos de aislamiento y soledad aplaudo la oportunidad que tenemos de escuchar la otra voz. Esa que mi mamá escuchaba con

tanta facilidad y que tal vez por eso nos decía que "el dinero no era un valor". Esa voz que nos está susurrando que el bienestar está en el aire que respiramos. En la calidad de los alimentos que ingerimos. En las palabras que pronunciamos, pues ellas crean música interna y externa. En el silencio que pausa nuestros pensamientos de separación es donde es posible escuchar esa voz que nos grita con fuerza que somos hermandad, que somos comunidad, que somos lo que siempre hemos sido y lo que permanecerá. Y seguramente desde esta conciencia es que nuevamente podremos organizarnos de manera comunitaria y renovar nuestro diálogo con el universo.

CUANDO NO HABÍA RUIDO

 E DICE QUE A PARTIR DEL MOMENTO EN *que una célula se dividió en dos transmitió toda su carga genética sobre la nueva. A veces me pregunto si esa separación fue silenciosa o no. Porque todo movimiento, por imperceptible que parezca, produce un sonido, una vibración.*

En la India existe una tradición que dice que cuando el "vacío" se dividió en masculino y femenino surgió el sonido "AUM" y que esta vibración se extendió por todo el Universo creando tiempo y espacio. La tradición hindú considera al cosmos como un océano de vibraciones. El propio Pitágoras habló de que cada átomo produce un sonido particular, un ritmo, una vibración.

La Tierra pulsa rítmicamente, gira, danza en el espacio siguiendo un movimiento constante pero pausado, tanto que ni siquiera lo percibimos. Sin embargo, este desplazamiento produce un sonido que se integra a la música de las esferas. La Tierra canta y la vibración de su voz ha quedado grabada en cada partícula de todos los seres vivientes, de todos los animales, de todas las plantas, rocas y minerales que convivimos en este planeta. La vibración es energía en movimiento. Tal vez la Tierra, hace millones de años, quiso que su canto se escuchara fuerte y lejos, y nos procuró la vida para que resonáramos junto con ella. Al menos eso me gusta pensar en momentos en que el silencio me inunda.

Me gusta el silencio. Me gusta escucharlo.

Los mayas decían que el universo no es otra cosa que una matriz resonante y que si uno se conecta adecuadamente con ella por medio del cordón umbilical del universo puede obtener en un segundo toda la información que desee. Cuando me enteré de la grandiosa cosmovisión que poseía esta ancestral cultura mexicana, afortunadamente ya existía la web, de otra manera nunca hubiera comprendido a qué se referían estos grandes observadores del cielo cuando hablaban de una mente cósmica totalmente interconectada.

No crean que ya tengo todo aclarado. Las dudas continúan en mi mente, ¿a qué se referían cuando hablaban del cordón umbilical del universo? ¿A un link acuático? ¿A una corriente de agua que circula entre la matriz resonante y nuestros cuerpos? O ¿se referían a nuestra propia sangre que en su viaje por el interior de nuestro cuerpo lleva ríos de información y memoria ancestral a cada una de nuestras células? Si tomamos en cuenta que en nuestro cuerpo existen cerca de cien billones de células, que está conformado en un 70% de agua y que el sonido se propaga por el agua 5 veces más rápido que por el aire, nos podemos dar una idea de lo que sucede al interior de nuestros cuerpos en términos de comunicación.

A partir de los descubrimientos del Dr. Masaru Emoto en Japón, ahora sabemos que nuestros pensamientos y emociones pueden alterar la estructura molecular del agua e incluso modificar su campo vibratorio, lo que nos lleva a comprender la forma íntima en que los seres humanos estamos conectados con el cosmos.

La pregunta es ¿cómo pudieron conectarse los mayas con lo que ellos llamaban el Corazón del

Universo sin computadoras ni celulares ni tecnología de por medio?

Tal vez porque en ese tiempo, en esas noches estrelladas que ellos observaban con tanto ahínco en completo silencio, llegaron a percibir la música de las esferas y descubrieron que melodía y matemáticas, como Einstein afirmaba, son la llave para abrir la información del universo entero.

Cada vez que pienso esto recuerdo una radio galena que mi papá fabricó para mis hermanas y para mí cuando éramos niñas. Mi padre fue telegrafista y le apasionaba todo aquello que estuviera relacionado con la electricidad y la tecnología. A él le tocó atestiguar la manera en que el telégrafo revolucionó la comunicación en el mundo entero, pues mediante su uso por primera vez se pudo obtener información al instante en dos sitios apartados. Hasta el día de su muerte, mi papá procuró estar al día en cuestiones de tecnología.

La radio galena funcionaba sin pilas ni batería. Surgió a finales del siglo XIX y se popularizó en las primeras décadas del siglo XX. Su primera utilidad fue la de recibir señales en código morse pero pronto se utilizó para la radiodifusión. Para construirla sólo se necesitaban tres componentes: un receptor, un sintonizador y unos auriculares.

Recuerdo perfectamente la emoción que sentí la primera vez que utilicé la radio Galena. Era una pequeña caja de cartón que en su interior contenía una bobina fabricada con hilo de cobre. En su exterior, tenía otro cable que era necesario enredar al grifo del agua para que hiciera tierra y una perilla para sintonizar una señal de radiofrecuencia. Pasé varias horas pegada a la llave del agua con mis auriculares puestos. En mi mente infantil, pensaba que tal vez en una de esas podría escuchar no sólo la programación de alguna emisora de radio sino los mensajes ocultos de alguna estrella. Ahora sigo pensando que eso mismo es posible, pero ya no tiene chiste porque en la actualidad hay infinidad de aparatos de alta tecnología que captan las sutiles ondas de ultrafrecuencia que emiten las plantas, los cristales y las estrellas.

Lo que me parece relevante no es la anécdota en sí sino el hecho de que a todos los seres humanos nos encanta la idea de ver más allá de lo que nuestros ojos pueden ver y escuchar sonidos que nuestros oídos no alcanzan a percibir. Nos molesta la limitación que nuestro cuerpo nos impone. Tal vez eso explica la manera vertiginosa en que se ha desarrollado la tecnología en el campo de la comunicación. Cada vez queremos llegar más y más lejos. Aunque yo, a nivel personal, a veces siento que me voy quedando atrás. Mi nieto de 12 años sabe manejar mejor que yo mi celular.

No es que busque justificar mi torpeza cibernética pero entiendan que en el año de 1950, cuando yo nací, la vida en este planeta era totalmente distinta. No había celulares, ni computadoras, ni horno de microondas, ni nada de eso. En casa de mis padres ni siquiera había teléfono. Cuando yo era muy pequeña, si queríamos hacer una llamada, teníamos que ir a casa de mi abuelita o acudir a la farmacia de Maruca y Agustín. En ambos lugares nos recibían llamadas externas con la diferencia de que Maruca y Agustín nos cobraban por el servicio y mi abuelita no. Así que en la casa, uno podía llevar una vida tranquila sin que el teléfono sonara día y noche y sentarse a escuchar su estación favorita de radio o simplemente gozar de la lectura. En esos tiempos uno tenía tiempo para uno mismo.

Por ejemplo, como mi papá no tenía que revisar su Facebook ni estar leyendo sus correos electrónicos ni su WhatsApp, mucho menos twitteando, cuando regresaba del trabajo jugaba conmigo y con mis hermanas y nos pasábamos tardes enteras grabando cuentos en una grabadora de carrete. Gracias a eso, ahora van a poder escuchar mi voz de cuando tenía 6 años interpretando a la hada madrina de Cenicienta.

Cuando mi hija Sandra era niña también la grabé jugando, cantando y narrando historias, cosa que ya no he hecho con mi nieto pues mi vieja grabadora, que es la que sé manejar, el día que no tiene pilas, le falla el micrófono. Es más, últimamente he perdido interés por comprar aparatos electrónicos. ¿De qué sirve que me compre una cámara fotográfica que dentro de un año va a ser obsoleta?

¿O una computadora cuyos programas ya no van a ser compatibles con mi viejo iPod? ¿O una impresora de la que ya no voy a poder conseguir cartuchos? ¿O que coleccione películas en un formato que va a pasar de moda y que luego ya ni siquiera voy a encontrar los reproductores adecuados para verlas? Lo que más lamento es que las fotografías sean digitales, antes uno guardaba el negativo y mandaba a imprimir la foto cuando quisiera, ahora ya casi no existen laboratorios para impresión de fotografías viejas. Tengo fotos digitales de mi nieto que no he podido mandar a imprimir y me preocupa, siento que se puede borrar el archivo o perder o vayan ustedes a saber qué, incluyendo el peligro de que yo misma sea quien las borre. La velocidad con que surge un aparato y luego otro y luego otro y luego otro me marea, me aturde.

Y desgraciadamente entre tantos y tantos correos electrónicos, entre tantos y tantos mensajes de texto, hemos confundido las palabras, los susurros y los silencios, y seguimos insistiendo en vernos como seres separados que necesitan de aparatos para comunicarse los unos con los otros. Hemos olvidado cómo entrar en comunicación con el universo del que formamos parte. Si fuésemos capaces de recordar el ritmo cadencioso de la matriz resonante que nos formó, veríamos más allá de nuestros ojos y nos daríamos cuenta de que somos parte de un todo indivisible, de una totalidad que a todos nos abarca y que estamos totalmente interconectados con ella.

Que no necesitamos de computadoras ni de celulares para recibir su pulso. Que dentro de nosotros contamos con los elementos indispensables para recibir y emitir energía electromagnética. Que somos capaces de registrar el flujo eterno de información que corre entre célula y célula, entre estrella y estrella, entre galaxia y galaxia. Que somos seres de energía que vibran, que resuenan, que cantan cuánticamente con el universo entero.

¿No creen que sería fabuloso poder conectarnos con el corazón umbilical del universo y recibir toda la información que necesitáramos de manera gratuita? ¿No sería genial que la tecnología, en vez de hacernos cada vez más dependientes nos fuera convirtiendo en radios galena que utilizaran el agua de su cuerpo para recibir información, en iPads vivientes, en antenas satelitales poderosas que emitieran su permanente y pulsante canto, en discos duros eternos donde las imágenes digitales nunca se perdieran, y donde se pudiera escuchar toda la música que existe, incluyendo la de las esferas? ¿No sería increíble dejar a un lado nuestra condición de consumidores compulsivos de nuevas tecnologías para volvernos el pensamiento, la luz, la memoria del universo entero?

Mientras eso es posible les recomiendo una aplicación que se llama Radio Garden. ¡Pueden escuchar estaciones de radio del mundo entero! ¡Cada vez que la utilizo pienso en lo mucho que le hubiera gustado a mi papá!

CUANDO NO HABÍA KLEENEX

OS PAÑUELOS ERAN INDISPENSABLES. *De niñas, mi mamá nos enseñó a siempre traer uno ya fuera cuidadosamente doblado dentro de nuestra bolsa o escondido bajo el puño de la blusa.*

Los señores educados, como parte de su arreglo personal, forzosamente debían contar con un pañuelo impecablemente planchado, bien fuera para ser utilizado en cualquier eventualidad de tipo personal o para ofrecérselo a una dama que requiriera limpiarse las lágrimas. Me contaba mi mamá que en la Plaza de Veracruz donde las parejas se reunían a bailar danzón, lo correcto era que los señores colocaran sobre su mano un pañuelo justo donde su pareja depositaría la suya para que el sudor provocado por el calor del trópico no le resultara molesto a su acompañante.

En la actualidad, los pañuelos son cosa del pasado. La verdad yo ya no conozco a nadie que traiga uno dentro de la bolsa de su saco, por lo que me resulta risible ver que en las películas, incluso en las más violentas, de pronto el protagonista le ofrece su pañuelo a su compañera de aventuras para que seque sus lágrimas.

Bueno, el caso es que en el siglo pasado el pañuelo era indispensable dentro de las bolsas de los señores y de las señoras. Si lo utilizaban para limpiar su nariz, se volvía a doblar cuidadosamente con todo y las secreciones, por no decir los mocos, y hasta la noche se ponían a remojar para que al día siguiente fuera fácil desprenderlas en el fregadero.

Lo mismo sucedía con los pañales. Se remojaban por la noche para lavarlos y asolearlos por la mañana. Todos celebramos cuando aparecieron los pañuelos y los pañales desechables. Muy pocos advirtieron que en poco tiempo montañas de pañales desechables se acumularían en los tiraderos de basura. Afortunadamente a tiempo se encontró una solución y ahora hay pañales biodegradables, pero tenemos encima un nuevo reto que nos tomó

desprevenidos: el de los desechos biológicos infeccio-
sos que la pandemia está dejando tras de sí. Ésos
ya no se tratan con agua y jabón como antaño, no,
necesitan de medidas urgentes y especializadas,
pues en los basureros públicos ya hay saturación de
cubrebocas, caretas, guantes desechables, jeringas y
desechos orgánicos. Pero ése es otro tema.

Cuando yo era niña, no había jeringas desechables. En casa teníamos un set de jeringas de vidrio
con agujas de diferente calibre. Antes de ser utilizadas, se ponían a esterilizar dentro de un recipiente con agua caliente. Se dejaban hervir 15
minutos aproximadamente. Cuando estaban nuevas las agujas era una delicia utilizarlas, pero con
el tiempo iban perdiendo el filo y bueno ¡para qué
les platico lo dolorosa que podía ser una inyección!

Mi mamá nos enseñó a inyectar a todos en casa.
Practicábamos con naranjas. Es importante cómo
se toma la jeringa, cómo se le saca el aire antes de
introducir el líquido, luego como se cerciora uno
de no estar dentro de una vena y finalmente cómo
se saca la aguja. Obviamente antes y después del
procedimiento hay que desinfectar con alcohol el
área en donde se va a aplicar la inyección.

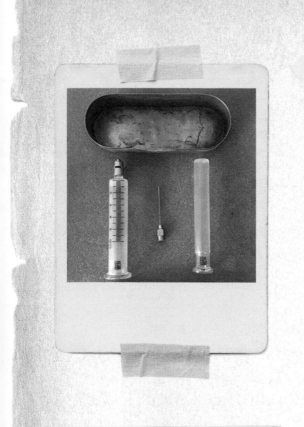
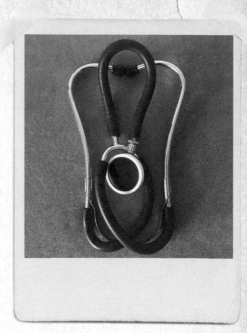
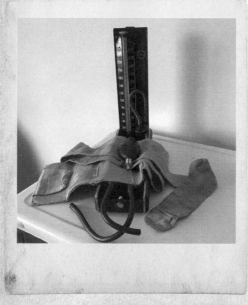

Yo le agradezco mucho a mi mamá que nos haya dejado este importante aprendizaje. A ella la enseñaron sus hermanos. En mi familia materna hay muchos doctores. Dos de sus hermanos estudiaron Medicina. Varios de mis primos también. En casa, mi hermano Julio y me hermana Rita hicieron la carrera de Medicina. Mi hermana Rosalía no estudió formalmente pero se ha dedicado a estudiar medicina alternativa y lo que ahora llaman medicina vibracional, y Alejandro, uno de los hijos de mi hermano Julio, también es un reconocido médico.

Vivir rodeada de doctores y de mujeres que manejaban la herbolaria y los remedios caseros con maestría, como era el caso de mi mamá, siempre me dio una sensación de seguridad. Mis tíos Octavio y Roberto varios años tuvieron su consultorio médico en la casa de mi abuelita, que como les comenté vivía enfrente de la nuestra. Dentro de ese consultorio incluso llegaron a operar. Los dos eran muy buenos doctores, pero mi tío Octavio se distinguió por su enorme generosidad. Todas las personas de escasos recursos que llegaban a consulta, él las atendía de manera gratuita. Si tenía muestras médicas adecuadas para su tratamiento, se las regalaba y en caso de que no las tuviera, les daba dinero de su bolsa para que fueran a comprarlas a la farmacia. Como se imaginarán el consultorio no pudo sostenerse muchos años a pesar del éxito que tenía por obvias razones.

Aún recuerdo el olor característico del consultorio de mis tíos. En mi memoria olfativa, asocio el olor de las medicinas con el de la cocina. Resulta que en la distribución de la casa de mi abuela, el comedor estaba junto a la cocina. Me imagino que cuando decidieron montar el consultorio médico para mis tíos, parte de la cocina, que tal vez antes se utilizaba como despensa, se convirtió en el dispensario. Ahí se almacenaban tanto las muestras como el material médico. Para ir del comedor a la cocina uno debía atravesar por el pasillo donde se encontraba el dispensario y viceversa, de tal forma que los olores que emanaban de estos dos sitios se mezclaban alquímicamente en el interior de mis pulmones, provocando una sensación de bienestar. El dispensario tenía un tragaluz con un vitral de motivos religiosos, pues durante la Guerra de los Cristeros, cuando el gobierno cerró las iglesias, mi abuela, que era una persona muy religiosa, mandó adecuar ese espacio para que ahí se celebraran misas privadas. Así que ese lugar tenía una carga energética especial. Los rezos de antaño parecían haberse amigado con la esperanza de alivio que los medicamentos ofrecían. Me gustaba entrar a buscar alguna medicina y voltear hacia arriba para gozar del vitral y entonces algo mágico sucedía. El olor de los alimentos mezclado con el de las medicinas se impregnaba de la luz que entraba por mis ojos y me sentía sana, protegida, inmortal...

En estos tiempos de pandemia cómo extraño esa sensación.

Vivo rodeada del afecto de los miembros de mi familia; de mi hija, de mi yerno, de mi nieto, de mis hermanas, de mis sobrinos, de chamanes, de sanadores, de doctores, de naturópatas, de homeópatas. Sí, y no sé cómo agradecer la manera en que me ayudan cuando requiero de su apoyo, pero extraño la amorosa dedicación de mi mamá cuando estábamos enfermos.

Recuerdo que cuando tenía como 23 años me dio tifoidea y paratifoidea simultáneamente. Estuve delicada. Quedé pesando 45 kilos. Sudaba mucho y a diario había que cambiar la ropa de cama.

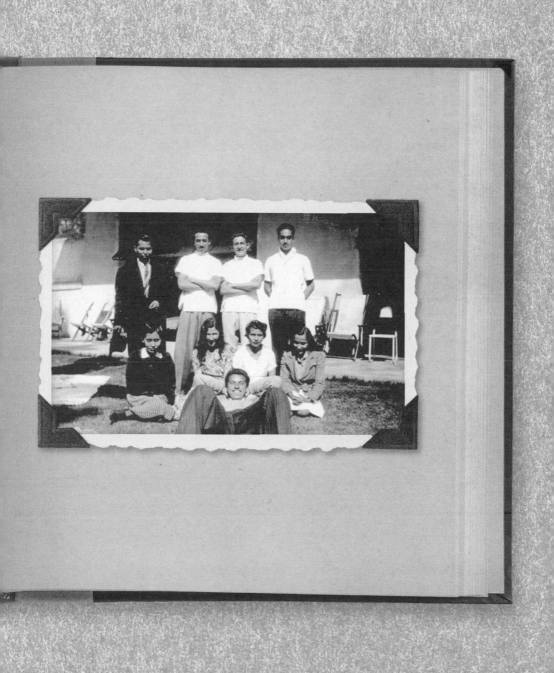

En esos tiempos no había secadora de ropa así
que mi mamá lavaba temprano las sábanas y las
ponía a secar al sol. Por las tardes las planchaba y
cuando yo me metía al baño para asearme, al salir
encontraba mi cama recién hecha y perfumada
para que yo me acostara nuevamente. Mi mamá
me prestaba ayuda para meterme bajo las cobijas y me arropaba utilizando un rito que acostumbraba hacer cuando yo era niña y que consistía en
tomar el cobertor y con él formar una especie de
taco a mi alrededor para que mi espalda quedara
totalmente cubierta. Al terminar pasaba su mano
sobre mi frente y me daba el beso de las buenas
noches, y yo sabía que todo iba a estar bien. Así de
simple y contundente.

Ahora comprendo que efectivamente todo iba
a estar bien a pesar de los cambios, a pesar de las
transformaciones que mi cuerpo iba a experimen-
tar con el paso del tiempo, a pesar de que me toca-
ría ver envejecer a mis padres y luego quedarme
huérfana...

Todo iba a estar bien porque tuve a los mejores
maestros para saber cómo enfrentar los retos y difi-
cultades que la vida me ofreciera. Yo que he sido

hija, esposa, madre, abuela, sé perfectamente, porque así lo aprendí en mi niñez, que detrás de cada
una de las actividades que realizo hay un "algo"
que de ninguna manera podría yo llamar obligación. Es un algo gratuito y espontáneo que se produce en cada momento que dedico a mi familia, en
cada risa que compartimos, en cada abrazo que nos
damos, y yo lo entiendo como un deseo auténtico de
querer su bien y de quererlo en abundancia.

Todo iba a estar bien porque tengo perfectamente claro que más allá de las obligaciones éticas
o morales, más allá de lo que pediría hacer el pensamiento racional, siempre fluyó entre mis padres y
yo ese acto "extra" de forma tan natural que incluso
me hizo desear verlos descansar en paz antes que
verlos sufrir a causa de la mortal enfermedad que
contrajeron. Era preferible que yo enfrentara su
dolorosa ausencia física a alargar su dolor.

Todo va a estar bien, me repetía mientras acom-
pañaba a mis padres en su tránsito. Y estaba bien
porque nunca me sentí sola, porque conté con la
ayuda de mi hermano y de mis hermanas, de mi
hija, de mis sobrinos y de amigos incondicionales
que me sostuvieron y arroparon en ese difícil trance.

Yo tuve la fortuna de contar con enfermeras y cuidadoras que atendieron a mis padres más allá de una obligación profesional, ellas entregaron un afecto gratuito y una ternura completamente desinteresada, muy por encima del salario que recibían, tan real y concreta como lo era la paciencia con la que yo atendía a mis padres. Como diría Lope de Vega: "Esto es amor, quien lo probó, lo sabe".

Eso es lo que yo aprendí de mi madre y de todos los médicos de mi familia, quienes hicieron de su vida una entrega de amor tan poderosa que no hay forma que la muerte la pueda interrumpir.

Y por eso mismo sé que todo va a estar bien.

Porque he visto a millones de doctores en el mundo entero trabajando exhaustivamente, sin dormir, sin comer, impulsados sólo por esa energía "extra", por ese elemento indispensable para el sostenimiento de la vida. Todo va a estar bien porque estamos aprendiendo a cuidarnos los unos a los otros, pues comprendemos claramente que la salud de unos representa el bienestar de los otros.

Todo va a estar bien porque habemos millones decididos a escuchar a las plantas, a las aves, a la lluvia, a las piedras, a los ríos, al fuego, a las montañas, a la arena de los desiertos, a los glaciares, con la certeza de que ese "algo" que nos mantiene entrelazados, llámenle pulso, armonía o frecuencia coherente, si es que no se atreven a mencionar la palabra amor, nos llama a organizarnos desinteresadamente en favor del buen vivir.

Les aseguro que todo
va a estar
bien.

CUANDO NO HABÍA TUPPERS

NTES NO HABÍA TUPPERS. LA COMIDA que sobraba se guardaba dentro de las mismas ollas en donde se habían preparado los alimentos y se depositaban dentro del refrigerador. Bueno, esto en caso de que lo hubiera, de no ser así, se guardaban dentro de una hielera. Las había de gran tamaño. Recuerdo que a diario pasaba por mi colonia un camión repartidor llevando hielo casa por casa. Los bloques de hielo se cubrían con una tela de manta y los repartidores contaban con unas grandes pinzas para transportar el hielo desde el interior del camión hasta el lugar en donde lo iban a depositar. En esos tiempos era imprescindible contar con buen picahielo para trocear el bloque de agua congelada y colocarlo dentro de una jarra para enfriar las aguas de sabores que se llevarían a la mesa.

La verdad, en esa época se cocinaba para el diario. Las compras que se hacían en el mercado se calculaban cuidadosamente para que nada se desperdiciara. Sin embargo, tal vez como resultado de que todo lo relacionado con la cocina estaba íntimamente ligado a la naturaleza —que es generosa y abundante— siempre sobraba comida y entonces antes de que se echara a perder se hacía circular entre el vecindario. Había dos posibilidades de hacerlo: dentro de ollas de barro o de peltre. Estas últimas tenían su tapa. No había muchas opciones de diseño. O eran azul claro con puntitos negros, o eran negras con puntitos blancos. Mis favoritas, sin embargo, eran las viandas de peltre con diseños de flores. Ésas eran pequeñas y se apilaban una sobre otra de forma que una persona podía llevar a su trabajo una comida completa. En un recipiente se vertía la sopa, en otro distinto el guisado, en otro los frijoles y finalmente el postre.

Infinidad de veces me tocó llevar comida a casa de las vecinas. La ley no escrita del código vecinal era que la familia que recibía un guisado debía corresponder la atención de su vecina preparando para ella un platillo que iría de regreso dentro

del mismo recipiente donde había sido recibida la comida original, ya fuera olla de peltre, cazuela de barro, fuente de cristal, canasta o platón.

Era una práctica de lo más encantadora, pues como algunas de las vecinas provenían del interior de la República, uno probaba los platillos tradicionales de distintas regiones del país. Siempre se descubrían nuevos sabores y distintos sazones. Y también era una organización comunitaria maravillosa. Orgánica. Generosa. Compartida. Las cazuelas iban de aquí para allá, como las nubes en el cielo, como el vuelo de las aves, llevando comida de un lado a otro, alimentando, nutriendo, transportando sabiduría, tradición, entre todos los miembros del barrio. Mucho tenía que ver con los ciclos, con las estaciones, con los tiempos para la

siembra, con los de la cosecha. La tierra nos brin-
daba nuestro sustento, nosotros lo aprovechába-
mos en el momento indicado, los frutos se cortaban
cuando estaban maduros, no como ahora que los
cosechan antes y los congelan para controlar el
mercado. La comida se aprovechaba al máximo y
luego de que cumplía su cometido el alimento volvía al alimento. Los desechos se convertían en com-
posta, en abono para la próxima cosecha.

Para que ese tipo de organización funcionara
era indispensable que hubiera alguien que coci-
nara. Si la mamá trabajaba, estaba la abuelita.
Si la abuelita ya no podía hacerlo, estaban las
tías. Si las tías no podían o no querían estaban las
nanas, las cocineras. En mi familia sólo recuerdo al
tío Rodolfo, que era todo un chef, pero por lo general eran las mujeres las que controlaban esta red de
intercambio de platillos suculentos. Cada colonia
era un microcosmos íntimamente conectado con el
macrocosmos donde los ritmos celestes y los terres-
tres se hacían uno solo dentro de las cocinas y de
ahí salían para compartirse y expandirse.

Recuerdo las tortas que mi mamá nos preparaba
para llevar al colegio y que muchas veces inter-

cambiamos con nuestras amigas y lo mucho que
las disfrutaron. Yo asistí a la escuela República
de Brasil, que funcionaba dentro de la Escuela
Nacional de Maestros, misma que se encontraba a
una cuadra de distancia de mi casa. Desde la torre
—ahora desaparecida— realizábamos actividades especiales, un día nos llevaron a todo el grupo
a tomar una clase de pintura dentro de un salón
que tenía un ventanal enorme a través del cual
se podía observar mi casa. Recuerdo que en determinado momento me asomé y a través del cristal
pude observar a mi mamá, sacudiendo las cobijas
de su cama, para luego dejarlas asolear por un rato
sobre la ventana que daba a la calle. Verla realizar
esa actividad me provocó una nostalgia infinita.
Sabía que de seguro estaba cantando, pues siempre
lo hacía cuando tendía las camas y ¡cuánto quise
escucharla!

No sabía explicar lo que sentía; ver desde fuera
ese orden, ese tiempo fuera del tiempo donde la
vida sucedía tan cerca y tan lejos de mi escuela,
resultaba desconcertante. Ese día me di cuenta
de que la cotidianidad en casa tenía vida propia
y estaba regida por un orden de lo más funcional.

Había un tiempo para sacudir las camas, para ir al mercado, para poner a cocer los frijoles, para lavar y asolear la ropa, para dar de comer a las gallinas que teníamos en la azotea, para recolectar los huevos. Había una bondad inherente en cada acción que se realizaba dentro de casa, y seguir las normas establecidas para su funcionamiento pro-porcionaba seguridad. Cada uno de nosotros sabía lo que tenía que hacer. Conocía cuáles eran sus derechos y cuáles sus obligaciones, y si los seguía al pie de la letra, podía gozar de una enorme feli-cidad. El problema surgía cuando uno desobedecía, pero bueno, ése será material de otro capítulo.

Lo importante es que a pesar de mi corta edad me quedó claro que la vida seguía su curso estu-viera yo presente o no. Me diera cuenta o no. Y no hablo solamente de la vida al interior de mi casa sino de la vida en general. En la cocina, por ejem-plo, yo había dejado un frasco de cristal con una semilla de frijol envuelta en algodón para la clase de biología. A diario observaba cómo crecía. Yo no hice nada más que ponerle el agua necesaria y se activó el ciclo de la vida del frijol. Nacería, se desarrollaría, daría fruto y luego moriría, pero seguiría siendo parte de ese continuo que funciona como engranaje de reloj. Como el movimiento del sol y la luna. O como el ciclo del agua, que puede pasar de estado líquido a sólido, ser hielo por un rato y luego volver a ser agua que corre, que se evapora, que se convierte en nube, que siempre está en movimiento, la veamos o no.

Ver la ventana de la recámara de mi mamá me hizo desear regresar con ella. Fingir que me dolía el estómago. Pedir que me llevaran a la enfermería —tal y como acostumbraba hacer mi nieto en la primaria—. Estaba dispuesta a todo con tal de volver a casa para acurrucarme en esa cama de mi mamá, lugar en donde yo había nacido bajo la supervisión de mi tío Tallo y uno de sus amigos que era ginecólogo un 30 de septiembre de 1950, día en que mis padres conocieron al ser que ellos habían gestado, al que plantaron en esta tierra. El día en que nací comenzó a correr mi calendario solar y de forma paralela mi calendario lunar. Cada uno por separado. Se juntaron nuevamente cuando cumplí 52 años de edad y ese mismo año la cuenta volvió a correr. Obviamente cuando abro los ojos en la mañana no tengo la menor idea de cómo va el des-

fase entre mi calendario lunar y el solar, ni si voy
a vivir hasta que vuelvan a converger. Lo único
que tengo claro es que mi vida cambia y se renueva
minuto a minuto, día con día. Al igual que todo
el universo. Al igual que todo aquello que se siembra y fecunda, pues se ajusta a un ciclo de vida que
funciona por sí mismo. Las mariposas monarca
saben cuándo emigrar. Las tortugas cuándo poner
huevos. Las parvadas de aves conocen su destino y
se coordinan perfectamente durante su vuelo para
no perder el rumbo. Cada árbol sabe cuándo debe
dejar caer su fruto. Hay un conocimiento que corre
por nuestras venas, que dialoga con nuestras células,
que entra a nuestros pulmones con cada respiración.
Es un conocimiento que adquirimos simplemente
porque estamos interconectados con la fuente de
energía y sabiduría del cosmos. Por lo mismo, todo
lo que pensamos, sentimos, decimos o hacemos tiene
repercusiones dentro de él. De ahí la gran importancia de estar atentos a lo que estamos sembrando
porque tarde o temprano va a dar fruto. Sembramos
flores, pero también cantos. Sembramos pensamientos, palabras, voces, sueños. Y les aseguro que todo
lo sembrado tarde o temprano germinará y florecerá.

Bueno, no todo… Los aparatos eléctricos no tienen vida propia. Necesitan estar conectados a una fuente de energía, misma que a diferencia de la que circula libremente por todo el universo, no es eterna. Es finita. No se renueva. Si un celular no tiene la pila cargada es como si no existiera. El motor de nuestro automóvil no arranca sin gasolina y nunca de los nuncas he visto a un bloque de cemento o a una bolsa de plástico florecer ni dar frutos, lo que significa que su existencia no sólo no está acorde con los ritmos del cosmos sino que interfiere con ellos al provenir de un sistema de vida totalmente desconectado de la naturaleza. De un mundo que decide qué se siembra y qué no. Qué se come y qué no, con base en las reglas del mercado.

¡Me parece tan absurdo apostar por esa vida artificial! No entiendo cómo es que le entregamos todo nuestro esfuerzo, cómo es que la sostenemos contra viento y marea con la colaboración de gobiernos irresponsables que saben perfectamente que nuestro actuar está teniendo resultados catastróficos sobre el planeta. Que nadie se llame sorprendido por la amenaza del calentamiento global. Que nadie se queje después de haber diseñado

o colaborado con un mundo que funciona a base
de la explotación de hidrocarburos y por medio
del cual hemos desequilibrado ecosistemas, hemos
talado bosques de manera indiscriminada, hemos
contaminado ríos, hemos echado a andar meca-
nismos de autodestrucción. A través del paso del
tiempo, volviendo la vista atrás, pienso que tal vez
el día que miré a mi mamá desde la ventana de
mi escuela y quise correr a su encuentro se debió
a que experimenté un temor futuro, o pueden lla-
marlo premonición, no lo sé ni lo puedo explicar, pero siento que de alguna forma y de manera
inconsciente yo sabía que ese mundo donde me
sentía tan segura y arropada podía estar en riesgo.
Tal vez presentí que más allá de mi colonia había
otro mundo en plena marcha, un mundo regido
por un modelo económico que establecería sus pro-
pias reglas de convivencia y de comportamiento y
tal vez tuve miedo de que desapareciera esa bella
comunidad donde las mujeres cantaban cuando
tendían las camas y donde se compartía la comida
a manos llenas, comida sembrada y cosechada,
bajo el influjo de los astros, alimentada por el sol y
macerada por la luz de la luna.

CUANDO EL SPUTNIK NO ERA VACUNA

L 4 DE OCTUBRE DE 1957, LA UNIÓN Soviética lanzó por primera vez un satélite al espacio que llamó Sputnik I. Se trataba de una esfera de aluminio de 58 centímetros de diámetro que llevaba cuatro largas y finas antenas integradas a su superficie. En su interior, contaba con dos transmisores de radio que proporcionaron información sobre la densidad de las capas altas de la atmósfera y la propagación de ondas de radio de la ionosfera.

Mi papá nos despertó en la madrugada para que viéramos la transmisión televisiva que tuvo lugar aproximadamente a las 4 de la mañana por la diferencia de horario entre México y la Unión Soviética.

Mi mamá no quería despertarnos pero mi papá insistió en hacerlo bajo la consideración de que era

muy importante que presenciáramos en vivo ese
lanzamiento pues estaba convencido de que sería
un evento histórico tan importante que siempre lo
recordaríamos. Le agradezco que lo hubiera hecho
a pesar de que no guardo en mi memoria muchas
imágenes del lanzamiento, pero sí de la emoción
que dicho evento provocó en mi familia. Compartir
las emociones es una de las formas más poderosas
que existen para fortalecer los lazos amorosos.

Por esos años, mi papá trabajaba como
radio-operador en el aeropuerto de la ciudad de
México. Uno de los beneficios a los que tenía derecho como trabajador de la compañía Mexicana de
Aviación era el poder utilizar un boleto gratis, ya
fuera para él o para algún miembro de su familia,
cada 6 meses. Se tomó la decisión consensuada de
que fuera mi mamá quien aprovechara el pasaje
gratuito con el objetivo de que iniciara un negocio
de compraventa de ropa. Ella tenía un primo en la
ciudad de San Antonio, Texas, que la podía alo-
jar en su casa y de esta manera mi mamá no tenía
que invertir ni en el boleto de avión ni en la estan-
cia. Como no le gustaba la idea de dejarnos solos
a mis hermanos y a mí, solía viajar un viernes por

la mañana, hacer sus compras el sábado y regresar a México el domingo por la tarde. En esa época no era fácil que llegaran a México muchos productos del extranjero, sobre todo de Estados Unidos, así que el negocio de mi mamá funcionó de maravilla por algún tiempo. Las vecinas esperaban con ansias su regreso y más se tardaba en abrir la maleta que en vender todo.

Uno de sus viajes coincidió con el lanzamiento del Sputnik y mi mamá nos trajo a mis hermanas y a mí unas gorras conmemorativas del evento. El diseño simulaba perfectamente la cápsula espacial; tenían forma de medio círculo y cuatro "antenitas" formadas por resortes largos y flexibles que tenían en la punta un cascabel, de tal forma que cuando uno caminaba los resortes se movían y los cascabeles sonaban. A mi mamá le pareció que esta novedad sería un regalo excelente. A mí, sinceramente, no me lo pareció. Me moría de la pena cada vez que, a petición expresa de mi mamá, tenía que ponerme la mentada gorra. ¡No había manera de pasar desapercibida! Lo peor de todo fue que una tía nos invitó al cine y mi mamá consideró que ésa era la mejor ocasión para lucir nues-

tras gorras. Ese tipo de decisiones no se debatían.
Uno obedecía y punto. Recuerdo perfectamente la
entrada al cine, mis pasos delicados intentando
deslizar las suelas de mis zapatos sobre la alfom-
bra como geisha profesional para que mi cabeza
no hiciera el menor movimiento y así pudiera evitar el tintineo de los cascabeles. Creo que ese día fue
la primera vez que deseé con todas mis fuerzas ele-
varme y desaparecer por los aires a la velocidad del
mismísimo Sputnik antes que enfrentar las miradas
sorprendidas y burlonas de los presentes. Por fortuna
al ocupar nuestros asientos tuvimos que retirarnos
la gorra de la cabeza para que los que estaban senta-
dos atrás de nosotros pudieran ver la pantalla completa.

Así como el lanzamiento del Sputnik marcó el
inicio de la carrera espacial, la utilización de la
gorra que mi mamá me regaló disparó mi interés en saber cómo salir del cuerpo a voluntad sin
necesidad de morir. Me llevó años de estudio y
mucha práctica pero por fortuna encontré a los
maestros adecuados y logré incluso realizar viajes astrales. Ahora me limito a practicar la meditación. Con eso me basta. Bueno, también recurro

a la escritura y a cualquier actividad que me per-
mita alcanzar estados de éxtasis como lo es el bailar o escuchar música. En esos momentos uno
comprende que el cuerpo no nos contiene. Somos
viajeros eternos. Sólo hay que ver la mirada de un
adolescente mientras sus padres lo están repren-
diendo para darse cuenta de que él no está presente. Está en otro lado. Salió de su cuerpo y viaja
por lugares lejanos.

Hay varias maneras de salir del cuerpo, lo interesante es el regreso. Uno es el que sale y otro diferente es el que vuelve. Se dice que todo viaje lo es al
paraíso. En ese sentido, todo viaje es una vuelta a
casa. Y efectivamente, podemos viajar lejos, atravesar espacios siderales, pero siempre regresaremos
bien sea al interior de nuestro cuerpo, al centro
de nuestro hogar o al lugar donde todo se origina,
donde todo empieza de nuevo.

En este pasado mes de abril, se cumplieron 50
años de que me fui de mi casa. Fue un viaje físico,
o sea, con todo y cuerpo. Tenía 20 años de edad.
Tomé la decisión después de que mi mamá quiso
determinar con quién debía casarme. No hubo
mesa de negociación, no hubo diálogo, ni siquiera

se me preguntó mi opinión, simplemente se me prohibió ver, escuchar o mantener el menor contacto con mi novio. Cosa que consideré profundamente injusta, así que una mañana lluviosa salí a trabajar sólo con la ropa que traía puesta y cerré la puerta tras de mí. En la historia de mi familia era la primera vez que sucedía algo parecido y por supuesto fue un escándalo.

Mi salida de casa coincidió con la presencia de Joan Manuel Serrat en México. Se presentó en Bellas Artes y yo me gasté gran parte de mi quincena en comprar el boleto para ir a verlo. Uno de los temas que interpretó fue el de "Qué va a ser de ti" y recuerdo que no paré de llorar al escuchar la letra de la canción. ¿Qué sería de mí lejos de casa? Era una gran incógnita. Me sentía parada frente a un enorme portal por el cual podía transitar a mi antojo. ¡Podía hacer lo que yo quisiera… menos volver a casa! La decisión estaba tomada. Sentía que no había vuelta atrás. Curiosamente no tenía miedo ni me arrepentía de haber dado la espalda a todo lo que yo era, pero ¿quién era yo sin mi familia?

Abril de 1971 fue un parteaguas en mi vida. La defensa de mi derecho a elegir con quién casarme

fue la mejor motivación que pude tener para buscar mi destino fuera de casa. Para dejar de ser hija
de familia. Para reinventarme. A partir de ese día
tuve que buscar una nueva ventana para observar
las estrellas. Una nueva estufa donde preparar mis
alimentos. Una nueva almohada para descansar
mi cabeza y así seguir soñando.

Esa noche fue mágica. Serrat, arriba del esce-
nario, también estaba fuera de casa. La dictadura
de Franco lo forzaba a salir de España en busca de
nuevos espacios donde pudiera hablar libremente
de lo que quería. Yo, sentada en mi
butaca, lo escuchaba con el corazón abierto. Sus palabras me sostenían, me arropaban, me daban el
cobijo que tanto necesitaba en ese
momento.

Finalmente, en las fiestas navideñas y gracias
a la intermediación de mi papá, regresé a casa.
Cuando mi mamá abrió la puerta, me inundó
el olor de la cocina y supe sin lugar a dudas que
estaba en mi hogar. Había vuelto.

El fuerte abrazo que nos dimos fue la confir-
mación de que a pesar de que yo era otra y mi

mamá era otra. A pesar de que regresaba casada
y llena de nuevos conocimientos. A pesar de que
había iniciado mis estudios de la filosofía Maz-
daznan, de que había aprendido a meditar, a respirar y a vocalizar, había un lazo entre nosotras
que permanecía inalterable. Mi corazón reconoció
al suyo. Recordar es volver al corazón, es compartir el mismo ritmo. No en balde en el vientre de mi
mamá mi corazón había aprendido a latir guiado
por el suyo. Y comprendí que todas las lágrimas
derramadas, todos los dolores, todos los cambios
físicos, intelectuales y espirituales, no podían alterar ni modificar lo inalterable: el amor que sentíamos la una por la otra. Y que todos los viajes
internos y externos, todos los cambios de conciencia para eso sirven, para ampliar la visión, para
ir más allá de nuestro limitado punto de vista
y aceptar que no siempre se tiene la razón, que
el que se empeña en defender su punto de vista
como única verdad se pierde de la oportunidad de
ampliar su conciencia, de expandir su latido hasta
el centro de la galaxia.

Finalmente y con el paso del tiempo, comprendí
que mi mamá tenía la razón. Que la persona de

la que me enamoré no era la adecuada para mí. Espero que ella a su vez haya comprendido que yo estaba en lo cierto al empeñarme en formar una familia por decisión propia, pues fue gracias a esa unión que llegó a mi vida una hija poseedora del don de la poesía y quien ha sido mi gran compañera, mi protectora, mi maestra, mi fortaleza, mi alegría, una bella niña a quien mi mamá tanto amó y disfrutó. Entiendo perfectamente que con su prohibición sólo trataba de evitarme un sufrimiento, pero definitivamente creo que se equivocó en la forma de plantearlo. Por fortuna y sin quererlo, 13 soles antes de que yo me fuera de casa, ella me forzó a usar sobre mi cabeza una gorra de Sputnik que paradójicamente, a pesar de la imposición, se convirtió en un símbolo de libertad, un abrecaminos que desde entonces me lanza a espacios siderales a la menor oportunidad.

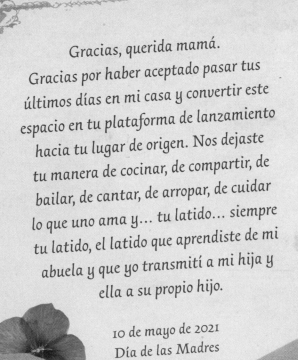

Gracias, querida mamá.
Gracias por haber aceptado pasar tus
últimos días en mi casa y convertir este
espacio en tu plataforma de lanzamiento
hacia tu lugar de origen. Nos dejaste
tu manera de cocinar, de compartir, de
bailar, de cantar, de arropar, de cuidar
lo que uno ama y… tu latido… siempre
tu latido, el latido que aprendiste de mi
abuela y que yo transmití a mi hija y
ella a su propio hijo.

10 de mayo de 2021
Día de las Madres

CUANDO
LA PALMERA ERA FUENTE

AY UNA PRESENCIA FUNDAMENTAL EN
mi infancia de la que no he hablado. Su
existencia fue relevante no sólo para
mi familia y los pobladores de la colonia Agricultura, sino para todos los visitantes y vendedores
ambulantes a los que protegió con su sombra, por
no mencionar a todas las aves a las que dio cobijo
entre sus grandes ramas. Estoy hablando de una
gran palmera que sigue viviendo en la esquina de
lo que fuera mi casa. Está instalada en el cruce
que forman la avenida Lauro Aguirre y la calle de
Amado Nervo. Justo en el centro, en una pequeña
glorieta.

Cuando mis papás eran jóvenes en ese mismo
lugar había una fuente, pero la quitaron para
colocar a la palmera. Creo que fue una decisión
acertada, ya que ese sitio de por sí tenía una voca-

ción unificadora. Todos convergíamos ahí, como los cuatro vientos provenientes de los cuatro puntos cardinales.

La Palmera, así con mayúscula, siempre fue el testigo silencioso de grandes acontecimientos y de pequeños actos cotidianos que día a día fueron construyendo nuestras historias familiares. La Palmera aparece en todas las fotos que puedan ustedes imaginarse. Ella nos vio crecer y nosotros a ella. Desde su privilegiado punto de observación se enteraba de todo.

La Palmera fue la única que me vio cruzar la calle que me separaba de la casa de mi abuela ¡en pijama! A veces cuando se nos terminaba el café o faltaban huevos para preparar el desayuno mi mamá nos pedía a mí o a alguna de mis hermanas que fuéramos a casa de la abuela a pedir ayuda. De antemano sabíamos que no nos permitiría ir a cambiarnos de ropa para vestir adecuadamente antes de salir a la calle y que nos diría "lo que vas a ir a pedir lo necesito ahora mismo, no dentro

de media hora, así que apúrate, chiquita, y no te preocupes ¡ni quién se vaya a fijar en ti!" Efectivamente sólo eran unos pasos pero a mí sí me preocupaba que mis conocidos me vieran en ropa de cama. Así que abría cuidadosamente la puerta, miraba para todos lados para comprobar que no hubiera nadie y corría como caballo desbocado hasta alcanzar mi meta. Después celebraba con un gran suspiro haber pasado inadvertida.

No habría celebrado tanto mi aparente invisibilidad de haber sabido que el universo está totalmente interconectado y que los árboles (en este caso particular, la Palmera), como cualquier ser viviente, tienen conciencia, tienen memoria y por supuesto que al día de hoy debe tener en sus archivos secretos el registro de las tantas veces que crucé en pijama a la casa de mi abuela.

Entiendo que puede resultarles extraño que yo le atribuya vida propia a una Palmera que se podría considerar inanimada por el solo hecho de pertenecer a un mundo no humano. Tal vez pensarán que no se puede hablar de comunicación con plantas que no tienen cerebro, que no tienen boca para pronunciar palabras, que no tienen oídos para escuchar sonidos, que no cuentan con un sistema nervioso, que no tienen ojos y que por lo mismo no pueden guardar memoria alguna. Si aceptáramos que tanto los sonidos como las imágenes son vibraciones que viajan libremente de un lado a otro llevando colores, formas, sonidos, que aparecen y desaparecen constantemente pero no por eso dejan de existir, tendríamos que reconocer que es posible recuperar esa información incluso a distancia, ya que no se trata de fenómenos locales o temporales.

Recientemente se han dado a conocer experimentos en los que se habla de que la propagación de ondas de luz es muy similar a la de las de agua y que hay un tipo de onda que logra mantener su forma a pesar de que viaja a una velocidad constante. Estos estudios tratan de explicar el papel que juegan estas ondas dentro de nuestro cerebro al entrar en contacto con nuestros neurotransmisores.

Para mí es claro que amplían la conciencia y que nos permiten adquirir conocimiento fuera del tiempo y el espacio gracias a la propagación de ondas resonantes. Hace años leí un libro que cambió totalmente mi percepción del mundo natural. Lo escribió Rupert Sheldrake, reconocido bioquí-

mico inglés, y lleva por título <u>La presencia del pasado</u>. En él plantea una teoría desafiante para la ciencia establecida hasta entonces, la cual creía firmemente en un universo mecánico y postulaba que la naturaleza está gobernada por leyes inmutables. Rupert Sheldrake, por el contrario, afirma que la naturaleza no es una máquina.

Asimismo, dentro de las páginas de su libro sugiere de una manera deslumbrante que la naturaleza tiene memoria y que ésta se propaga por medio de un proceso de conexión no material llamado <u>resonancia mórfica</u>, el cual nos permite

recordar rostros, melodías, palabras, lugares, que no necesariamente están almacenados en nuestro cerebro sino que permanecen en el campo de información que nos rodea.

Ver lo invisible se torna complicado pues está por encima del mundo transitorio, sin embargo, lo que ahora es seguirá presente en el aire que respiramos, en cada gota de agua, en cada cuerpo, en cada piedra, en cada planta, en cada animal, en todas y cada una de las formas de la creación. En el centro, en lo invisible de todos nosotros, es donde se cruzan los vientos y donde accedemos al conocimiento universal. Cada hombre, cada luna, cada sol, cada estrella danza alrededor de un centro. Nos une el mismo centro. En mi colonia, la Palmera era ese centro aglutinante.

La Palmera fue sembrada cuando mis padres eran un par de enamorados allá por los treinta. La Palmera fue testigo de sus primeros besos y abrazos. Luego del día en que mi mamá salió de su casa vestida de blanco para ir a la iglesia a contraer matrimonio. Más tarde la vio convertirse en madre, la vio organizar bautizos, celebraciones de cumpleaños, fiestas de todo tipo, graduaciones, bodas. La acompañó en todos esos procesos de cambio desde su puesto de observación. Desde ese lugar en donde ella misma había experimentado grandes transformaciones.

Cuando la Palmera era fuente, en sus aguas se podía observar el reflejo del sol, de la luna y de las estrellas. Era un espejo líquido que hacía evidente el paso del tiempo en la formación y desaparición de las nubes, así como en el transitorio destello de los planetas en los cielos. Era un punto de observación fijo mas no inmóvil, pues formaba parte de un universo en movimiento. Cuando la

Palmera suplantó a la fuente, amplió su base de datos. Sus profundas raíces la conectaban con un mundo subterráneo que le proporcionaba información de la vida secreta de las plantas, de las piedras, del agua profunda. Y comprendió que el tiempo es una construcción fabricada por el hombre pero lo que en realidad existe son los ciclos continuos. Y que cuando uno tiene la oportunidad de adentrarse y conectar con la tierra y, por otro lado, respirar la vibración del cosmos, atraviesa por diferentes dimensiones y en cada una de ellas obtiene un punto de vista distinto que le permite ampliar la conciencia para vivir en un presente continuo.

En su larga vida, la Palmera observó a la gente ir y regresar del trabajo; subir y bajar del camión, salir y entrar de sus casas, cruzar apresurados para ingresar a tiempo a la Escuela Nacional de Maestros. También vio cómo algunos de esos alumnos fueron reprimidos en el año de 1958 por militares a caballo y en el año de 1971 vio cruzar frente a ella manifestantes que corrían despavoridos huyendo del grupo paramilitar de Los Halcones, que asesinaba estudiantes en la calzada México Tacuba. De seguro también vio cómo mis padres dejaron entrar a su casa a algunos de esos jóvenes para protegerlos del salvaje ataque.

La Palmera vio bodas, bautizos, velorios, fiestas de 15 años, posadas y todo tipo de celebraciones. Vio a los niños jugando en las calles ya fuera saltando la cuerda, jugando "bote patada", futbol, básquetbol, patinando o andando en bicicleta, o jugando avión. Vio al señor de los raspados instalar su carrito a su lado para vender sus conos de sabores. Vio al malabarista que nos visitaba los domingos con su bicicleta y nos dejaba con la boca abierta con las proezas de las que era capaz para luego pasar el sombrero entre los asistentes. Vio a un señor que de cuando en cuando llevaba un oso amaestrado para bailar al ritmo del tambor; vio al ropavejero intercambiando ropa vieja por trastes; vio al señor que vendía chicharrones con chile y limón; vio al afilador de cuchillos, que hacía sonar un silbato especial para anunciar su llegada, muy parecido al que acostumbraba el vendedor de camotes; vio al panadero en bicicleta con su canasta en la cabeza manteniendo un equilibrio perfecto. En pocas palabras vio pasar la vida frente a ella.

Todo esto que menciono, y que estoy segura de que la Palmera vio, es porque yo también fui testigo de todo ello. Atestiguamos una historia en común. Pero hubo un tiempo en que nuestras historias se apartaron y caminaron en tiempos diferentes. Al contraer matrimonio me mudé del barrio y a pesar de que visitaba a mis padres con frecuencia y de que mi hija también aprendió a jugar, a patinar y a andar en bicicleta en la banqueta que quedaba frente a la Palmera, hubo un momento en que realizamos los que los científicos Lucile y Jean-Pierre Garnier Malet plantean en su libro Desdoblamiento del tiempo, o sea, experimentamos el paso del tiempo desde otro espacio. Seguimos creciendo y envejeciendo pero cada una por separado. A un tiempo distinto.

Mientras escribía este capítulo me surgió la necesidad de visitar a la Palmera. A mi querida abuela. Le llevé unas flores y permanecí un rato a su lado. Me acompañó mi hija Sandra y tomamos una foto como recuerdo. Lo primero que Sandra me comentó al ver la casa donde nací fue "Qué pequeña la veo. La recordaba más grande", por el contrario, al ver a la Palmera quedamos sorprendidas por la altura y vitalidad que tiene a sus 90 años. Ella también se debe de haber sorprendido al verme tan cambiada. El paso del tiempo se refleja claramente en mi cuerpo, en mis arrugas y mis canas, sin embargo, al poner mi mano sobre su corteza sentí circular entre nosotras una fuerte corriente. Sé perfectamente que me reconoció. Sé que me escuchó. Sé que me agradeció las flores que deposité a sus pies y que miró con orgullo a mi hija, la niña que aprendió a caminar dando vueltas frente a ella, sostenida por una corbata vieja que mi papá le amarraba bajo los brazos para que no cayera, ahora convertida en una bella señora que ama las plantas y que cuida con gran ternura de los floripondios que crecen como estrellas en su jardín.

Con enorme gratitud
para mi abuela
la Palmera.

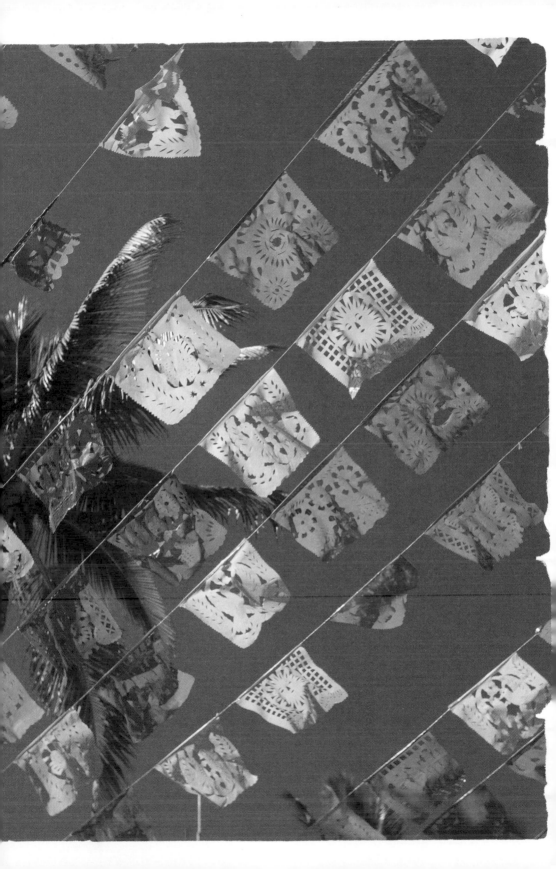

CUANDO LOS FUTBOLISTAS NO SE PODÍAN COMPRAR NI VENDER

C UANDO YO ERA NIÑA, TANTO LOS JUGA-dores de futbol soccer como los de americano jugaban por amor a la camiseta. Era impensable que un jugador de un club deportivo saltara a otro sólo para obtener un beneficio de tipo económico. Lucir en el pecho el logo del equipo era motivo de orgullo y en sí mismo era un símbolo de pertenencia. Portar la camiseta de un equipo significaba ser representante de un grupo, de una idea, de un conglomerado, de un colectivo al cual se le guardaba una inquebrantable lealtad. Por lo mismo, los partidos de futbol despertaban grandes pasiones.

En mi casa teníamos problemas debido a esto, pues vivíamos justo al lado del Casco de Santo Tomás, donde se ubicaba el Instituto Politécnico Nacional. En el año de 1936, cuando se creó el equipo de los Burros Blancos, mis tíos y varios de sus amigos entrenaron en las fuerzas básicas. Todos ellos eran jóvenes muy entusiastas y valientes porque déjenme decirles que en esos tiempos se jugaba sin las protecciones para huesos y dientes que ahora existen, por no hablar de los cascos.

Obviamente toda mi familia era partidaria del equipo del Poli y desde niña yo aprendí a corear la porra del equipo. Luego, cuando mi hermano Julio entró a estudiar la carrera de Medicina en la Universidad Nacional Autónoma de México y fue aceptado para entrenar con el equipo de los Pumas de la Universidad comenzaron los problemas de lealtades. Una parte de la familia siguió apoyando a los Burros Blancos del Poli y la otra se inclinó por los Pumas de la UNAM.

Mi papá, sabiamente nos invitó a respetar las preferencias de cada quien, a convivir sanamente y sobre todo a actuar de la manera más civilizada cuando acudiéramos al estadio de futbol a presenciar un partido en el que nuestros dos equipos se enfrentaran.

La prueba de fuego vino en el año de 1965. Yo tenía en ese entonces 15 años. En la cancha se

enfrentaban los Burros Blancos contra los Pumas.
Era un clásico.

Dentro del estadio, los partidarios de un equipo
suelen ocupar la mitad de los asientos y dejan los
restantes para el equipo contrario. Decidimos sen-
tarnos del lado de la Universidad porque mi hermano y sus amigos eran mayoría. Mi papá y yo,
junto con tres de sus amigos exfutbolistas del Poli,
en una actitud muy civilizada, ocupamos nuestros asientos y controlamos los deseos de festejar
las anotaciones de nuestro equipo. Fue un partido
muy reñido. A mí, la verdad, me costaba mucho
trabajo mantener la calma y el silencio cuando lo
que deseaba era brincar y aplaudir ante cada ano-

tación. La primera vez que lo hice, me voltearon a ver muy feo todos los de junto por lo que mi papá me instó a contener mis emociones porque los ánimos podían caldearse y todos podíamos terminar envueltos en un problema. Seguí sus sugerencias, pues mi equipo iba perdiendo. No había mucho que festejar.

Cuando uno no percibe una solución ante un conflicto, cuando considera que el fracaso es inevitable, automáticamente pierde la fe. Al ver que teníamos el marcador en contra traté de mantener la calma y pensar en otra cosa, pero me resultaba difícil, pues la marea de voces de mis vecinos repitiendo como un mantra: "Goya, Goya, cachún cachún, ra ra, Goya, ¡¡¡Universidad!!!" me ensordecía el ánimo. Entonces opté de plano por no ver lo que estaba sucediendo en la cancha. Bajé la vista y me puse a imaginar que estaba en otro lugar. Elegí la playa. Me Imaginé sentada sobre la arena. Incluso llegué a sentir el agradable calor del sol sobre mi rostro, cosa que no me costó nada de trabajo pues en verdad estaba bajo los rayos del sol. Cerré mis ojos y traté de mantener mis pensamientos lejos de ahí. Pero de pronto, una idea que cruzó por mi cabeza me hizo regresar.

¡Yo estaba abandonando a mi equipo! ¡Los estaba dejando a su propia suerte! Desde esa época me inquietaba la conexión mental entre los seres humanos. Aún no sabía nada de física cuántica pero por experiencias personales tenía claro que la información y la energía viajan todo el tiempo y a grandes velocidades. Que a todo momento hay fuerzas invisibles actuando dentro y fuera del cuerpo. Dentro y fuera del planeta Tierra. Dentro y fuera del mismísimo Sol. Que todo está relacionado. Que somos seres energía. Que movemos olas de ésta cuando caminamos, cuando respiramos, cuando una emoción nos recorre el cuerpo, cuando dirigimos nuestro pensamiento hacia otra persona. Por eso mismo, tenía que renunciar a mi clara actitud evasiva y concentrar mi energía en lo que estaba sucediendo en la cancha. Tenía que acompañar a mi equipo, pasara lo que pasara. Era lo mínimo que podía hacer por ellos.

Nunca deja de sorprenderme la cantidad de cosas que somos capaces de hacer por mera intuición. Esa tarde nadie me recomendó brindar mi apoyo mental y emocional a los jugadores que estaban dando una fuerte batalla dentro de la cancha, pero algo dentro de mí sabía que era lo indicado. Tal vez porque ése es uno de los conocimientos que permanecen en el campo de información colectiva y que atraemos al presente bajo determinadas condiciones. Ahora lo entiendo claramente y trataré de explicarlo.

Para nuestros antepasados, el juego de pelota no era un deporte sino un ritual mediante el cual se reproducía en la Tierra el enfrentamiento que libraban en los cielos las fuerzas opuestas y complementarias del universo. Ellos sostenían que el equilibrio entre ambas fuerzas era lo que creaba orden y estabilidad en el cosmos. Lo que sucedía en la cancha del juego de pelota era un espejo en el que claramente se reflejaban los movimientos de los astros. Los jugadores se elegían ex profeso para representar a tal o cual planeta y el resultado del juego era tomado como una especie de oráculo, como una forma de saber cuáles influencias celestes estaban llegando con más fuerza a la Tierra y cuál sería la mejor manera de equilibrarlas. Se creía que las canchas eran portales o entradas al inframundo donde los dioses y los hombres interactuaban. Eran espacios diseñados con la intención de que el cielo y la tierra se unieran con el objetivo de reordenarse y equilibrarse. Eran puntos de contacto a través de los cuales los seres humanos se podían sintonizar con el orden fundamental del universo. El juego de pelota tiene una historia de aproximadamente 3500 años de antigüedad.

Con el paso del tiempo las cosas han cambiado radicalmente. Los estadios de futbol siguen siendo importantes lugares de reunión. Sin embargo, los intereses económicos han convertido este gran deporte en un negocio. Tristemente se invierten sumas millonarias —que bien podrían ser utilizadas en otras cosas— en la compraventa de jugadores. Todo es un negocio, desde las transmisiones en vivo de los partidos y de los comerciales que se proyectarán durante las mismas, hasta la venta de tenis y camisetas exclusivos. Los equipos venden en línea una cantidad impresionante de mercancía publicitaria. Quien paga más tiene la posibilidad de adquirir a los mejores jugadores y a través de ellos vender más productos. Las fuerzas opuestas que están en juego en la cancha ya no son las del cosmos sino las terrenales. Las del dinero. Y las camisetas que los jugadores portan, las que llevan el escudo de su equipo a la altura del corazón, ahora van acompañadas por el logo de sus patrocinadores. Los jugadores, si bien siguen representando a un conglomerado y juegan para él, subliminalmente representan al poder económico que los sostiene.

A pesar de todo este fenómeno de mercadotecnia, yo sigo disfrutando del futbol. Me gusta. Me emociona. Acompañar a mi nieto Miguel a sus partidos de soccer es un deleite. Lo gozo con más intensidad desde lo alto de las gradas porque ahí se puede observar con claridad el diseño de las jugadas. El flujo de la energía que despide un balón en movimiento antes de anotar gol es fuego puro, es un sol que enciende el corazón de las abuelas.

Eso mismo me sucedió esa tarde del año de 1965 que les estoy narrando. Yo mantenía mis ojos cerrados, como lo sigo haciendo cuando no quiero ver una escena en una película de susto. Faltaban unos minutos para que terminara el partido. De pronto, escuché un aullido proveniente del otro lado del estadio. Omar Fierro, jugador legendario, había recibido el balón después de un largo despeje y venía atravesando la cancha a toda velocidad.

Nadie lo podía interceptar. Con un zigzagueante movimiento de piernas escapaba de sus oponentes. Los cantos de "Goya, Goya, cachún cachún, ra ra, Goya, ¡¡¡Universidad!!!" comenzaron a desvanecerse hasta convertirse en un profundo silencio. En la tribuna poniente del estadio, donde yo me encontraba, la gente comenzó a apagar las antorchas con las que ya estaban celebrando la victoria de los Pumas y con el corazón acelerado observé cómo frente a nosotros la gente se puso de pie y comenzó a cantar a todo pulmón: "Huélum, Huélum, Gloria, a la cachi cachi porra, a la cachi cachi porra, bim bom borra, bim bom borra, Politécnico, Politécnico, Gloria".

Y como estrellas en el cielo, empezaron a encenderse las antorchas del otro lado del estadio. ¡¡¡Nadie pudo detener a Omar Fierro y su enorme carrera le dio un apretado triunfo de 20-13 a los Burros Blancos del Politécnico Nacional!!! Unas lágrimas de felicidad asomaron por mi rostro. Mis vecinos podrían haberlas interpretado como la manifestación de mi tristeza ante la derrota del equipo de la Universidad, pero mi papá sabía perfectamente de dónde y por qué surgían. Me abrazó en silencio y juntos festejamos sin hacer mayor aspaviento.

Nunca he olvidado esa noche. Recientemente un amigo me hizo recordarla. Estábamos hablando por teléfono y tratando de darnos ánimos para enfrentar lo que resta del confinamiento. La falta de certeza sobre lo que el futuro nos depara produce inseguridad y temor. La falta de ingresos económicos, ansiedad. El largo confinamiento nos ha extenuado física y emocionalmente. Lo peor es que no sabemos cuánto tiempo más tenemos que seguir dando la batalla ni dónde vamos a encontrar la fortaleza para continuar. Y de pronto vino a mi mente ese momento en que creí todo perdido y un deportista me hizo recobrar la fe. Ese instante glorioso en el cual Omar Fierro remontó un marcador adverso con todo en contra era la prueba irrefutable de que apostar por la mínima probabilidad no es un acto descabellado. Fui testigo de ello. ¿Qué pensamiento cruzó por su mente cuando recibió en las manos el balón? ¿El lugar en donde estaba colocado era uno de esos portales donde las fuerzas terrenales y las celestes se encuentran y eso le permitió sintonizar con ellas? Sus piernas, entrenadas para el atletismo, ¿sintieron que era el momento? ¡Su momento! No lo sé. Lo único de lo que estoy segura es de que esa tarde fue inolvidable para miles de nosotros y quiero pensar que lo sucedido ese día fue producto de una poderosa conjunción humana y planetaria… ¿por qué no? ¿Que acaso estamos atomizados? ¿Separados? No, por supuesto que no. Recordarlo en estos momentos de reordenamiento de nuestras vidas es fundamental. Somos una gran tribu planetaria soñando con un mejor destino. Hay mucha energía en juego. Y por lo mismo sé que vamos a salir adelante. Que romper las barreras de lo cotidiano, salir de los límites que creemos infranqueables, es posible, totalmente posible. Los portales interdimensionales están abiertos. El balón en nuestras manos. ¡Es nuestro momento! ¡Marquemos el gran cambio para toda la humanidad!

CUANDO SE PODÍA
BAILAR DE CACHETITO

¡AH QUÉ PLACER CUANDO SE PODÍA BAILAR de "cachetito", con los cuerpos juntitos, las mejillas pegadas y sin necesidad de usar cubrebocas! Podíamos sentir la respiración de nuestro compañero de baile refrescando la piel de nuestro cuello en cada exhalación. Esos agradables y sensuales momentos ocurrían después de una sesión de baile intenso. En las fiestas de mi adolescencia bailábamos rock and roll, twist, mashed potato, pero también son y salsa, pero todos esperábamos el momento de las suavecitas, esas piezas en donde tendríamos la oportunidad de bailar de cachetito. Algunas de ellas eran canciones heredadas de la anterior generación, la de mis padres, eran las de las grandes bandas, las que permitían esos momentos de cercanía. Glenn Miller, Ray Conniff, Tommy Dorsey eran los maestros. Una de las piezas que me encantaba era precisamente la de "Cheek to Cheek", ya fuera en la voz de Fred Astaire o de Louis Armstrong.

En esos anhelados momentos, el cuerpo tenía la oportunidad de bailar pegadito, pegadito. No importaba nada el tipo de cuerpo que se tuviera. Alto, bajo, rechoncho, anguloso, joven, viejo, con panza o sin ella, lo importante era el acoplamiento que uno podía alcanzar con el compañero de baile.

Bailar es vibrar, es armonizar, es coordinar, es respirar, es oler, es conectar, es abrazar, es adivinar, es sugerir, es dialogar, es acariciar, es desplazar energía por cada poro de nuestra piel. Somos soles que se expanden por las palmas de las manos, y corren por los centros de energía de pecho y espalda. Los abrazos pueden ser alimento nutritivo para que la ternura circule por nuestras venas, o pueden ser el fuego que detone la pasión y el deseo, pero innegablemente uno siempre se sentirá a salvo en los brazos de alguien que nos ame. Dar o recibir un abrazo es compartir la paz.

Antes, cuando uno quería escuchar música para bailar, tenía que producirla. No había discos, ni radio, mucho menos Spotify. Me cuenta mi mamá que la familia de su papá, integrada por 12 hermanos, se reunía por las tardes a tocar música. Mi abuelo tocaba la flauta transversal. En sí, entre todos ellos integraban una orquesta de cámara que disfrutaba enormemente de la música.

Siempre he sostenido que la educación en las escuelas debería ser a través del arte. Ser capaces de integrarse, de armonizarse con el otro, de actuar de forma coordinada con el objetivo de alcanzar un fin supremo, se convierte en el acto más digno de solidaridad humana y una de las expresiones más puras del arte.

Aún conservo el piano que perteneció a mi bisabuela. Lo atesoro. Ahí aprendió a tocar Tita, la tía abuela que me inspiró a escribir Como agua para chocolate.

En él, mis hermanas y yo recibimos nuestras primeras clases de piano y nuestros hijos aprendieron a disfrutar de la música y el canto. A los 4 años de edad, mi hija Sandra lo utilizaba para improvisar canciones que su tía "Pavana", su amiga invisible, le susurraba al oído. Cuando fue creciendo más le surgió una gran preocupación y un día me preguntó: "Mamá, ¿qué va a pasar el día que se acaben las canciones?" Yo le respondí que eso no podía suceder ya que existían millones de posibilidades de combinar las notas de la escala musical, y que incluso se podían descubrir nuevos sonidos, pero a sus 6 años se negaba a aceptar como ciertas mis palabras y en verdad le preocupaba que el mundo se quedara sin melodías. Ahora yo me pregunto, si el universo es vibración constante, ¿en verdad existe el silencio?

En casa de mis papás, mis hermanas y yo teníamos un radio en nuestra recámara y en el comedor había una consola de uso familiar donde podíamos optar por escuchar discos o la radio.

Un día, nuestra estación de radio favorita organizó un concurso entre La Sonora Santanera y Los Tribunos. El premio era que la orquesta ganadora fuera a tocar a la casa del afortunado ganador. Recuerdo que mis hermanas y yo nos instalamos por un buen rato en casa de mi abuelita —que para entonces ya tenía línea telefónica— para estar votando por Los Tribunos, quienes eran familiares políticos de mi tío Roberto. Sentíamos que eran los que más apoyo necesitaban, ya que La Sonora Santanera era muy famosa y contaba con miles de admiradores. Al final de la tarde se

realizó el conteo de votos y resultó en ¡un empate
entre los dos grupos musicales! Y de pronto, el
locutor anunció el nombre de la ganadora del sor-
teo, que fue nada más y nada menos que ¡¡¡mi hermana Rosalía!!! Lo que significaba que iban a
ir a tocar a nuestra casa ¡La Sonora Santanera
y Los Tribunos! No sólo eso, todo el evento se iba
a transmitir en vivo desde nuestra casa. La noti-
cia corrió a la velocidad de la luz. Los vecinos se
prepararon para asistir al evento antes de recibir
una invitación bajo el entendido de que se trataba
de un acto público. El salón de belleza se desbordó.
Todas querían un peinado alto, con crepé y laca.
Los vestidos de fiesta, los zapatos de tacón y los
collares brotaron de los roperos y los cajones.

No puedo transmitirles lo que eso significó.
Teníamos sólo un día para planear todo. Decidimos recibir a todos en casa de mi abuelita, que era
más grande que la nuestra. La sala de espera del
consultorio de mis tíos se transformó totalmente.
La mesa de auscultación, las vitrinas con el instrumental médico, el escritorio y las sillas se apila-
ron dentro de la habitación contigua, en donde el
piano reinaba.

Al día siguiente mi mamá se encargó de organizar la logística. Era la que tenía más experiencia de todos. Cuando ella era muy joven solía organizar un gran baile-concierto con música en vivo cada 16 de diciembre, día con el que se daba inicio a la época de posadas. Tenían tanto éxito estos bailes que incluso se cerraba la calle para que la gente bailara a sus anchas. El dinero que se recaudaba con la venta de los boletos se utilizaba para comprar juguetes para niños de clase humilde que no tenían ninguna otra oportunidad de recibir regalos navideños.

Claro que a pesar de su larga experiencia, mi mamá no contó con el poder de convocatoria de La Sonora Santanera, cuya presentación en vivo fue anunciada por la radio. A las puertas de la casa de mi abuela se congregaron vecinos de la colonia Santa María la Ribera, San Rafael, Santa Julia, Santo Tomás ¡y más allá!

Dentro de la casa no cabía ni un alfiler... y tampoco en la calle. La alegría era contagiosa. La esposa del carnicero bailaba alegremente con el de la papelería. Los conocidos con desconocidos. Las abuelitas con sus nietos. Dentro del consultorio de mis tíos, los tambores se amigaron con el instrumental médico y los micrófonos con el quirúrgico. Ese pequeño espacio se expandió, el sonido que ahí se generó recorrió grandes distancias, y la luz de los reflectores imprimieron en nuestra memoria imágenes imborrables que duran hasta nuestros días.

Me siento afortunada de haber tenido esa experiencia. Significó mucho ese recuerdo porque es ampliamente conocido mi amor por el baile. No pierdo oportunidad de hacerlo. Cuando uno baila, libera endorfina, serotonina, dopamina y oxitocina, estos químicos naturales producen lo que conocemos como felicidad. Cuando escribí La ley del amor vivía sola en Nueva York. Estaba atravesando por un divorcio complicado y había ocasiones que me costaba trabajo escribir. No podía concentrarme. Entonces recurrí al baile. Bajaba las cortinas para que nadie me viera y bailaba y bailaba hasta que las endorfinas inundaban mi cuerpo y una sensación de felicidad me alegraba el día. Esos momentos se fueron convirtiendo en una práctica constante y por ello incluí en el libro los "Intermedios para bailar". La ley del amor fue la primera novela multimedia. Contenía un disco y un cómic que formaban parte integral de la narración, pero más allá del deseo que tenía de que la gente viera y escuchara lo mismo que mis protagonistas estaban viendo y escuchando, incluí esos intermedios bailables con la intención de compartir con mis lectores esos intensos momentos de felicidad. Mucha gente me comenta que lo hicieron puntualmente. Que cuando aparecía el intermedio para bailar, dejaban el libro a un lado, ponían el CD en su reproductor y gozaban de los danzones de Liliana Felipe. Con el paso del tiempo, algunos de mis lectores perdieron su CD o ya no tienen forma de escucharlo, por lo mismo, a manera de regalo, les dejo un enlace

para que puedan descargar el disco. Espero que se animen a bailar, solos o acompañados. Si logramos generar olas de endorfinas, el mundo nos lo agradecerá.

La casa de mi abuela, en donde tantas fiestas memorables se organizaron, ya no existe. La demolieron. Sin embargo, creo que la energía generada en esos bailes siguió girando y girando, tanto que sirvió como inspiración para que los nuevos dueños decidieran construir en ese mismo sitio un salón de baile.

El año antepasado cumplí 70 años y le había pedido a uno de mis mejores amigos que fuera mi chambelán en la fiesta de celebración, pero la pandemia nos arruinó el festejo. Espero poder hacerlo tarde o temprano y estoy considerando hacerlo ahí, en ese lugar, frente a la casa en donde nací. Mientras tanto pienso seguir bailando. Lo haré incansablemente hasta que la piel que me cubre se canse de contenerme y se desintegre. Sé que incluso entonces mi energía se expandirá por todo el universo danzando cuánticamente.

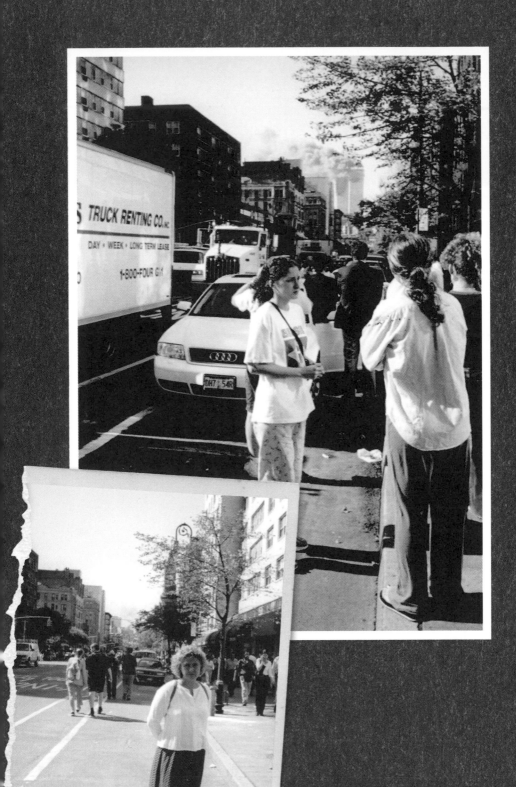

CUANDO SE PODÍA VOLAR...
CON TODO Y ZAPATOS

UANDO YO ERA NIÑA, MI PAPÁ ENTRÓ A *trabajar como radio-operador en la Torre de Control del Aeropuerto Internacional de la Ciudad de México. Como les comenté en un capítulo anterior, nosotros, como sus familiares, teníamos el beneficio de realizar viajes gratuitos. Yo disfrutaba enormemente cuando me dejaban hacerlo. Volar sobre las nubes era una experiencia invaluable para una niña de 5 años. Observar el mundo desde las alturas altera por completo la percepción de las cosas. Las fronteras desaparecen. El mundo creado por el hombre también. Las nubes abarcan el paisaje de manera misteriosa. Aparecen y desaparecen en instantes. La luz del sol las ilumina y las viste de reflejos deslumbrantes. A mi corta edad, volar se me presentaba como un acto prodigioso. ¡Consideraba*

como un verdadero milagro que el viento nos sostu-
viera por los aires! A pesar del sonido que las hélices
generaban y de los vaivenes ocasionales que apare-
cían en caso de turbulencia, me sentía totalmente
segura dentro de ese espacio que funcionaba como un
enorme vientre materno.

Todo me sorprendía, todo lo disfrutaba, ¡todo!,
con decirles que hasta la comida me parecía ini-
gualable. Tengo que aclarar que el servicio que la
Compañía Mexicana de Aviación ofrecía a bordo
era muy bueno y que la comida en verdad era de
primera calidad. Los asientos eran amplios y
cómodos, y estaba permitido ingresar a la cabina
artículos de uso personal. Recuerdo que mi mamá
solía viajar con un bello neceser donde transpor-
taba sus cremas, sus perfumes y un set de mani-
cure que incluía un cortauñas y unas tijeritas para
la cutícula. No sólo eso, a mi papá, a pesar de no
ser pasajero y no contar con el respectivo boleto, se
le permitía acompañarnos hasta nuestros lugares
y despedirse de nosotros dentro de la cabina. Y no
era un privilegio que se le otorgara sólo porque tra-
bajara como radio-operador en la Torre de Control,
no, en esa época los familiares podían acompañar

hasta sus asientos a sus seres queridos aunque no requirieran ayuda especial.

Todo eso cambió definitivamente después del 11 de septiembre de 2001. A partir de que un grupo de terroristas utilizó un avión comercial como misil, las medidas de seguridad dentro de los aeropuertos del mundo entero cambiaron radicalmente. De un día para otro dejamos de ser tratados como simples pasajeros para convertirnos en posibles terroristas.

El día del ataque a las Torres Gemelas yo estaba en Manhattan. En esa época yo tenía un departamento que estaba ubicado en la Calle 13, entre la Quinta y la Sexta Avenida. Mi familia y yo solíamos dividir nuestro tiempo entre la Ciudad de México y la de Nueva York. En el verano de 2001, mi hija Sandra y yo tomamos un avión hacia la ciudad de los rascacielos. Decidimos volar el viernes 7 de septiembre para aprovechar el fin de semana, pues tenía por costumbre visitar el mercado de antigüedades que se instala los sábados y domingos en la esquina de la Calle 25 y la Sexta Avenida.

Ésa era una de mis actividades favoritas para los fines de semana. Ahí adquirí muchos de los

objetos que me han acompañado por años; cuen-
tas africanas para elaborar mis collares, fotos de
tercera dimensión, encajes, botones, libros, discos, cubiertos de plata, manteles, tapetes, sillas,
cámaras fotográficas e innumerables rarezas. No
hay nada comparable con el placer de encontrar
un objeto olvidado que nos seduce, que nos habla
al oído, que nos conecta con hombres y mujeres
de países lejanos que transportaron dentro de sus
maletas y baúles una parte importante de su historia, de sus memorias, de sus aromas, de sus sabores. Siempre trato con reverencia esos retazos de
vida vivida con la que me encuentro en los mercados de antigüedades. En definitiva, para mí,
Nueva York era y es un lugar de encuentros.

Así lo experimenté desde la primera vez que tuve
la oportunidad de vivir en esa apasionante ciudad en los años de 1984 y 1985. En aquel entonces estaba casada con Alfonso Arau, quien tenía
la intención de hacer unos videos para la UNICEF.
Debido a ello, mi hija Sandra tuvo la oportunidad
de asistir a la UNIS, la Escuela Internacional de
las Naciones Unidas. Ingresó al colegio sin hablar
una palabra de inglés y en tres meses ya lo estaba

haciendo de forma fluida gracias a un programa de inglés como segunda lengua. Se trataba de un método de aprendizaje diseñado de manera respetuosa y sensible para que los alumnos de nuevo ingreso no se sintieran desarraigados y supieran que en esa escuela importaba su lengua materna y se valoraba la cultura de su país de procedencia.

Sandra varias veces expuso ante su grupo presentaciones en las que habló de México. Así que no me extrañó que un día, antes de salir de vacaciones de invierno, me dijera que necesitaba llevar alguna prenda de ropa mexicana y elegimos una bella blusa bordada proveniente del estado de Oaxaca. Antes de salir de casa me recordó que ese mismo día tendría lugar un concierto que iban a dar todos los niños de la escuela con motivo de las fiestas navideñas y sutilmente me insistió en que no fuera a faltar. Obviamente no hacía falta que me lo dijera, por nada del mundo me lo quería perder. Desde que Alfonso, mi esposo, y yo arribamos al auditorio, nos sorprendió agradablemente ver que todos los papás, la mayoría de los cuales trabajaban para las Naciones Unidas, acudieron al concierto portando sus trajes tradicionales, sin embargo, no nos esperábamos lo que sucedió a continuación. Las luces centrales del auditorio se apagaron y se encendieron las de los pasillos laterales, y por ellos fueron ingresando todos los alumnos de la escuela cantando villancicos en varios idiomas. Los niños también iban vestidos con la ropa tradicional de sus países de origen. Fue un momento tan conmovedor que ninguno de los presentes pudimos contener las lágrimas. Ese día, en ese espacio, estábamos congregados muchos representantes de la raza humana compartiendo cantos y memorias familiares. Se respiraba unión. Se respiraba hermandad. Se respiraba paz.

Hay eventos que nos marcan, ese luminoso concierto fue uno de ellos. Otro muy distinto fue el que tuvo lugar en septiembre del 2001.

Llegamos a Manhattan sin la menor idea de lo que íbamos a vivir. Mi hija Sandra estaba invitada a participar en el New York International Independent Film And Video Festival con su cortometraje llamado Dream On, que se iba a exhibir precisamente el 11 de septiembre a las 6 de la tarde. Yo, por mi parte, iba a tener la primera firma de libros de mi novela Swift as Desire (Tan veloz como

el deseo) el viernes 14 a las 5 de la tarde en la libre-
ría Barnes & Noble, ubicada en Union Square.

Antes de dar inicio a las intensas actividades
que teníamos programadas para esa semana, que
incluían diversas entrevistas, decidimos salirnos
a disfrutar de la ciudad y sus museos. Vimos en el
periódico Time Out que se acababa de inaugurar
una interesante exhibición en el Museo de Historia Natural llamada Meeting God, cuya curaduría
giraba sobre los diferentes aspectos de la devoción
espiritual en la India. Incluía una serie de altares dedicados a Ganesha, el dios de cabeza de ele-
fante y cuerpo humano, hijo de Shiva y Parvati,
una de las deidades más conocidas y veneradas del
hinduismo. Dentro de la tradición es considerado
como el gran removedor de obstáculos, pero antes
de poder eliminarlos requiere de una puja, que no
es otra cosa que un acto ceremonial en el que se
hace reverencia a determinada deidad a través de
una invocación, oración, canto o ritual. El principal objetivo de una puja es poder entrar en contacto
personal con la deidad y recibir Darsham, que tra-
ducida literalmente del sánscrito significa "ver y
ser visto por Dios".

Intimacy

Joy Ex

531
A Rob Goodman Film

BOTTOMfeeders

Mona Kittie's

Dream On

A State of Grace

When Broomsticks were kings

THE PANMAN

Mona & Pablo

NEW YORK INTERNATIONAL INDEPENDENT FILM AND VIDEO FESTIVAL

WWW.NYFILMVIDEO.COM

ROPE ART

The Rest of your Life

CANDOR

A Pocket Full of Dreams

eden

Pink Spit in Me

BESOTTED

star

Smokin' Stogies

Fiction—Literary

Sutton 2

Tuesday September 11th

12:00PM - Pavilion of Women: Yim Ho, dir. 115min. Madame MV, the wife of an aristocrat in 1930's China arranges for a concubine to distract her husband while she studies, and unexpectedly falls in love with an American missionary doctor. Starring two-time Academy Award nominee Willem Dafoe (Winner Best Feature Drama - Hardacre Film Fest 2001).

2:00PM - Le Roman de Lulu: (FRANCE) Pierre-Olivier Scotto, dir. 88min. After meeting, Roman and Lulu fall madly in love, but Roman has two problems. The first: he's twice Lulu's age. And the second: it's not at all a problem for Lulu.

4:00PM - Kissed by Season: (See Monday September 10 for synopsis)

Irish Whiskey: Jon Stevens, dir. 90min. Satire on a dysfunctional, politically incorrect Irish-American family as they fall apart and come together at a family gathering. Best Feature Film - Temecula Valley International Film Festival, NYIIFVF AWARD WINNER, LA 2001

6:00PM - Bad Day for a Tow: Michael Parness, dir. 12min. You just found out your wife's cheating on you, your drunk father calls you to speak to your long-DEAD-mother, and as you step out of the deli you realize you are late to "the biggest meeting of my entire career."

The Dog: (CANADA) Thomas Care, dir. 25min. Owen Lamb's company is being shut down. Pissed off , he steals funds from the business and flees Toronto. On the outskirts of the town of Bewdley he gets in to a car accident because he is drunk. Close to death, Owen is saved by the locals and finds himself caught in the middle of a bizarre town feud.

Dream On: (MEXICO) Sandra Arau Esquivel, dir. 13min. Since she was a little girl, Alejanora dreams of getting married, all dressed in white, in a church filled with flowers, to the perfect boyfriend...who never arrives! Winner Best Comedy - Latino Film Festival San Francisco-Berkeley

Ingenue: Siavash Farahani, dir. 24min. In the aftermath of... circa 1900, an infantile Mute searches for sunlight... and absurd underground world. Loose... Cave".

Sam and Mike:

3 idiots with guns

and then we'll talk

Alien Technology

A REAL JOB

The Absent Phallus

...WARD PARKER FILM

...up

...(Canada: $33.00)

A la luz de la distancia me doy cuenta de la enorme importancia de dicha exhibición. Fue como si Ganesha hubiera sabido de antemano que se requería de su presencia en Nueva York para remover del corazón de los hombres los obstáculos que nos impiden alcanzar la paz. Viajó desde la India para mostrar que detrás de cada actividad humana, por más profana o irracional que sea, siempre está latente la posibilidad de tener un encuentro con el mundo espiritual, con lo sagrado. Por supuesto que el curador, que con tanta dedicación preparó los altares dedicados a Ganesha, nunca imaginó que la ciudad de Nueva York sufriría un ataque terrorista y que la respuesta de la gente ante el horror fuera poner pujas en cada esquina, en cada parque, en cada ventana, en cada estación de bomberos, en cada pila de escombros, tal vez para de una manera inconsciente buscar el Darsham, dicho de otra manera, buscar ser vistos y escuchados por Dios.

El martes por la mañana, mientras estaba preparando el texto que iba a leer durante la presentación de mi novela, mi hija Sandra entró a mi cuarto para informarme que un avión aca-

LO QUE YO VI

baba de chocar contra una de las Torres Gemelas. Por lo inusitado del hecho, se me ocurrió llamar por teléfono al noticiero matutino del canal 40, conducido en aquel entonces por el payaso Brozo, personaje que Víctor Trujillo caracterizaba, para pasarle la información. Carolina, su esposa, me atendió y me pidió que permaneciera en la línea, pues de seguro Víctor Trujillo me iba a querer entrevistar. Mientras esperaba que me pusieran al aire, comencé a escuchar la información que en México ya se estaba dando sobre un segundo avión que se había estrellado contra la otra torre. En ese momento me di cuenta de la gravedad del asunto. Se trataba de una acción coordinada y orquestada. Víctor Trujillo me invitó a mantenernos en contacto. No lo pudimos hacer. El servicio telefónico quedó suspendido. Sandra y yo salimos de nuestra casa para enterarnos de lo que estaba sucediendo. Desde la esquina de la Calle 13 y la Sexta Avenida se podían ver perfectamente las dos torres en llamas. Vivíamos aproximadamente a unas 30 cuadras de distancia. Recuerdo que lo que en ese momento esperábamos todos es que los bomberos apagaran el fuego y

con ello se solucionara el problema. Regresamos
al departamento y en ese momento en la televisión estaban diciendo que una de las torres había
colapsado. De inmediato se había dado la orden
de cerrar los aeropuertos, el metro, los puentes de
acceso a Manhattan, y se anunció que a partir
de la Calle 14 toda la zona quedaba acordonada,
o sea, Sandra y yo teníamos que permanecer
dentro de los límites establecidos.

Lo primero que hice fue tomar mi carrito de
compras y salir en busca de provisiones. Usual-
mente lo hacía en Balducci's Market, que estaba
en la Sexta Avenida. Conforme avanzaba hacia
mi destino, iba encontrando a gente caminando
a contracorriente. Gente asustada que venía
hablando por sus celulares, bañados en cenizas
y polvo de los pies a la cabeza. Cuando estaba a
punto de entrar al supermercado un grito colectivo me hizo detenerme y ver lo que sucedía, y fue
entonces que el terror entró por mis ojos: vi el instante en que la segunda torre colapsó. Nunca
he encontrado las palabras justas para explicar lo que sentí. Fue como si el centro de mi pecho
recibiera una onda expansiva de dolor. Fue una

bomba que estalló con fuerza en mi corazón y me
dobló. Todos a mi alrededor comenzaron a llorar y
yo junto con ellos.

Todo era confuso. Inexplicable. En las calles,
a unas pocas horas del ataque, la mayoría de la
gente hablaba de paz, pero una minoría hablaba
de ir a la guerra. Algunos veteranos de Vietnam
intervenían tratando de calmar los ánimos de los
jóvenes que no tenían la menor idea de lo que significa participar en un conflicto armado. Les com-
parto imágenes que Sandra
capturó con su cámara.
Hablan por sí mismas.

Por la tarde, Sandra
y yo salimos a caminar
por una ciudad silen-
ciada. Dolida. Vacía.
Por la noche acudimos
a un círculo de oración
en Washington Square
y los cantos de los par-
ticipantes eran que-
dos, apagados. No pude
permanecer mucho

rato escuchando las canciones que reivindicaban los ideales de paz de generaciones anteriores. Por supuesto el espíritu de John Lennon se hizo presente. Traté de unirme al coro que como un murmullo esparcía por el viento "all we are saying is give peace a chance" pero un nudo en la garganta me lo impidió.

Han pasado 20 años. Se han publicado muchos libros. Se han filmado muchas películas y documentales. Se han pronunciado miles de discursos pero las armas siguen circulando libremente y alcanzar la paz se presenta como una utopía. Mientras tanto, tomar un avión cada día se vuelve más complicado. En aras de la seguridad nacional, se restringen las libertades individuales y los derechos humanos, pero no se soluciona el problema de fondo, pues aunque esté prohibido ingresar a la cabina de un avión con

cuchillos, metates, agujas de tejer, cortauñas, o lo que sea, en el corazón de los hombres no se ha podido erradicar la violencia y el odio. Ése es el problema. Quien quiera matar a otro lo puede hacer hasta con un par de medias o con una certera mordida en el cuello del piloto, y con esto espero no estar dando ninguna idea. Nadie puede detener a un suicida que fue educado para dar su vida y acabar con sus enemigos. La paz se alcanza cuando dejamos de vernos como enemigos. ¿Es eso posible? Yo, que durante un concierto navideño dentro de la escuela de las Naciones Unidas, donde había representantes de toda la raza humana, respiré hermandad, respiré unión, respiré paz, considero que sí se puede.

Y de eso es de lo que quiero hablar. De lo que vi. Y resaltar lo mucho que me sirvió para afirmar mi profunda creencia en el amor como único y verdadero valor. Estoy segura de que a ninguna de las personas que viajaban en el avión destinado a estrellarse en contra del Pentágono, que tenían plena conciencia de que estaban a punto de morir, se les cruzó por la mente la idea de llamar a su agente de bolsa para preguntarle si sus acciones estaban a la alta o a la baja. El último pensamiento que tuvieron antes de abandonar su cuerpo fue para sus seres queridos. La última llamada que pudieron hacer fue para decirle a alguien que lo amaban. Lo cual me deja claro que el amor es la única realidad, la que perdura, la que sobrevive, la que permanece. Todos los seres humanos, ante el derrumbe del mundo material y la cercanía con la muerte, buscamos entrar en contacto con ese amoroso espíritu unificado al que todos pertenecemos.

El 11 de septiembre de este año, le puse flores al Ganesha que me acompaña en casa y le dejé unos chocolates como ofrenda. Le pedí que nos siga ayudando a demoler los tantos y tantos obstáculos que aún faltan derribar antes de que pueda tran-sitar por el mundo entero el tren de la paz, el "Peace Train", como lo invoca Yusuf, quien fue conocido como Cat Stevens hasta antes de convertirse al islam.

CUANDO NO HABÍA LICUADORA

A VERDAD, DESDE QUE RECUERDO HABÍA licuadora en mi casa, pero no así en la de mi abuelita. Ahí se tardaron en renunciar a la utilización del metate y el molcajete. Nunca lo hicieron del todo, molían en licuadora algunas cosas pero lo que consideraban realmente importante se molía en metate. Me refiero al mole, a los pipianes o a los chiles para elaborar el chorizo. Es más, no sólo había un metate y un molcajete en la cocina, sino dos o más, pues los destinaban para distintos usos. Los granos se molían en uno de ellos y los chiles en otro para no contaminar el sabor. Yo tengo como una de mis herencias más preciadas el molcajete que perteneció a mi tío Rodolfo, quien fuera un gran cocinero, y un metate pequeño que perteneció a mi abuela y con el cual se molían diversos granos y especias, aparte de unas inolvidables pacholas de carne. Había otro muy especial destinado a moler el cacao y se utilizaba sólo con ese propósito para evitar que alguna semilla de chile, que hubiera quedado incrustada en algún poro de la piedra, pudiera contaminar el sabor del chocolate. Para los jóvenes que no tienen idea de qué estoy hablando les informo que la palabra metate proviene del náhuatl metlatl, es una piedra rectangular sostenida por tres patas, una delantera y dos traseras, con una inclinación suficiente para que el metlapil o mano del metate se deslice sobre su superficie de manera descendente con la fuerza necesaria que se requiere para ello. La mayoría de los metates y los molcajetes de nuestro país se fabrican con piedra volcánica, pero en América del Sur, particularmente en la región andina, los alimentos se muelen o se machacan con la ayuda del batán, utensilio de cocina integrado por una piedra grande y aplanada llamada tanay y una piedra curva y pequeña llamada maray. En su conjunto, el batán se ha utilizado desde tiempos ancestrales. Las piedras del batán se obtienen en los cauces de los ríos, o sea, son piedras que el agua ha modelado con el paso del tiempo.

El molcajete, el metate, el batán o cualquier mortero me maravillan. Si nos detenemos a pensar en la función que realizan no podemos más que sorprendernos. Son altares, son lugares mágicos en donde el mundo se transforma de la manera más humilde, más sutil. Un grano de sal o de pimienta, un jitomate, un chile, un tubérculo, un fruto, una semilla, dejan de ser lo que son. Se despojan de su forma; se deshacen de su cáscara, se trituran, se hacen polvo, se hacen pasta, se funden, se disuelven, se mezclan. Moler es deconstruir para construir nuevamente. Es la mágica labor que las cocineras realizan día con día. Ahí, frente a la piedra del molcajete, como si de una piedra de sacrificio se tratara, se convierten en grandes sacerdotisas que extraen el corazón, el pulso, la vida que se sembró, que se cultivó, que se cosechó en los campos. Intervienen con fuerza pero delicadamente para que los ingredientes se desnuden de sus formas, se despojen de sus cáscaras y así puedan integrarse en una salsa. Después de su intervención, sólo el aroma queda de lo que fue el cilantro. Sólo el color de lo que fue el jitomate. Como en un acuerdo prenupcial aceptado con agrado, se sabe que todo aquello que entra al molcajete muere tal y como lo conocemos para que algo nuevo exista. Lo que saboreamos en nuestra boca es la unión de los amantes que se entregaron totalmente con el único fin de expandirse, de renovarse, de reinventarse, de prolongar su vida en el interior de nuestro cuerpo, como parte del juego eterno de las transformaciones. Después de la degustación y del aprovechamiento de la comida, cuando la nutrición se cumpla a cabalidad, nos desharemos del alimento. Y así es como nos vamos construyendo y reconstruyendo día con día. El universo nos alimenta y nosotros a él. El alimento vuelve al alimento.

Obviamente todas estas reflexiones son el resultado de los años que he pasado frente al fogón, pero comenzaron desde que era una aprendiz de cocinera.

Recuerdo con gran satisfacción el día en que mi mamá me encargó hacer una salsa en el molcajete. Tenía como unos 6 años. Primero que nada puse a tatemar en un comal un ajo, media cebolla, dos chiles verdes y tres jitomates. Mi mamá estuvo todo el tiempo presente para que no me fuera a quemar. Cuando estuvieron tostados, los fuimos pasando al molcajete por partes. El primer paso es moler la cebolla con sal gruesa. Los granos de sal impiden que la cebolla se resbale dentro del molcajete. Después ya se le puede añadir el chile, el ajo y finalmente el jitomate. Me costó trabajo, pero lo logré, y no saben con qué orgullo llevé a la mesa la salsa que yo misma había molcajeteado. Mi mamá la aprobó por completo y eso elevó mi autoestima hasta los cielos. Ese día comprendí que lo que sucede en la cocina es un gran acto de amor.

Tal vez por eso, toda verdadera cocinera es una Celestina que sabe muy bien cómo matrimoniar a los ingredientes. Qué se lleva bien con qué. Quién se puede amigar con quién. Entre quiénes de plano no existe la menor química. Cuál puede resultar una combinación explosiva dentro del estómago y cuál alimento puede ser un verdadero riesgo para el intestino.

Por otro lado, desde tiempos ancestrales, se sabe del poder sanador de las plantas. En los pueblos originarios aún perdura la medicina tradicional indígena como una alternativa de salud pública. Utilizando de forma correcta este conocimiento, la comida es fuente de salud, es medicina.

Claro que todos estos conocimientos son el resultado de los miles de años que los seres humanos llevamos experimentando frente al fuego. Algunos antropólogos señalan que somos "la especie que cocina" e incluso han mencionado que la evolución del cerebro humano está relacionada con el descubrimiento del fuego y la ingestión de alimentos cocidos, ya que en el momento en que comenzó a ingerirlos de esta manera, el ser humano pudo digerir y aprovechar mejor las fuentes de energía que los alimentos le ofrecían y con ello, obtuvo un mejor desarrollo intelectual.

El fuego juega un papel relevante en la alquimia de la cocina como elemento purificador y transformador. Los seres humanos, tratando de comprender al astro solar, a ese fuego del cielo, que marca el ritmo y los tiempos de las cosechas, desarrollaron mitos fundacionales en torno a él.

Hay dos dioses inmortales del Olimpo que, de acuerdo con la mitología griega, se relacionan directamente con el fuego: Prometeo y Hestia.

Prometeo le roba a su padre el fuego para dárselo a los hombres y a causa de ello recibe un castigo ejemplar. En cambio, Hestia siempre mantuvo

una relación armónica con su hermano Zeus, y
él a cambio la distinguió con el honor de poseer
por siempre un lugar principal dentro de todos
los hogares, ya no como la presencia física de una
diosa, sino como esa llama encendida eternamente
en el centro de cada hogar. Hestia, como diosa del
hogar, es uno de los arquetipos más interesantes en
su papel de mediadora. El fuego era considerado
como el elemento que permitía el tránsito entre
este mundo y el reino de los muertos, a través de la
cremación de los cadáveres. El valor del fuego como
elemento de paso hacia una forma no mortal de
existencia es el valor que tiene Hestia como arque-
tipo. Vincula el fuego transformador con el fuego
del sacrificio, ese fuego capaz de poner en contacto
lo mortal con lo inmortal, dejando claro que el
fuego alimenticio y ritual es el procedimiento por
medio del cual, después del sacrificio, los hombres
pueden entrar en contacto con los dioses.

En nuestro país contamos con nuestra propia
y muy significativa mitología. El encendido del
fuego ritual está presente en nuestras ceremonias,
siendo la más relevante la del Fuego Nuevo, que
busca establecer un equilibrio en el Universo. Para

los antiguos habitantes de Tenochtitlan, cada 52 años terminaba un ciclo cósmico e iniciaba uno nuevo. Ese día, cuando el sol se ocultaba en el horizonte, se temía que no volviera a salir y para impedirlo se realizaba una ceremonia que, según los cronistas de la conquista, coincidía con el día en que las Pléyades estaban en el punto más alto del cielo. Al caer la noche, las luces de toda la ciudad se apagaban y entonces los sacerdotes vestidos con las insignias de sus dioses encendían el fuego nuevo en la cima del Cerro de la Estrella. Acto seguido, los sacerdotes prendían antorchas que eran entregadas a los corredores más rápidos para que ellos distribuyeran el Fuego Nuevo en el interior de cada casa de la gran Tenochtitlan y de esta manera se diera inicio a un nuevo ciclo de 52 años. El fuego recibido en el interior del hogar era objeto de respeto y veneración.

El poder hipnótico del fuego siempre me ha fascinado. Un día por poco incendio una colcha de mi cama aprendiendo a encender cerillos. Puedo pasar horas sentada frente a la chimenea tratando de interpretar sus signos, tratando de dialogar en silencio con él.

Este 2 de noviembre celebraremos en casa el Día de Muertos. Este año estará dedicado a Montserrat Pecanins y Antonio Velasco Piña, dos de mis mejores amigos. En el altar que pongo no puede faltar el fuego, el agua, el incienso, las flores ni los alimentos que cocinaremos especialmente para recibirlos. Alimentos que yo aprendí a cocinar a su lado o que degusté en su compañía. Alimentos macerados, triturados, adobados, en la piedra del metate o del molcajete. Alimentos serenados a la luz de la luna o impregnados por la poderosa luz del amanecer. Alimentos transformados por el fuego y destinados a incendiar la memoria. Encender las veladoras es uno de los momentos estelares de la ofrenda. A mi nieto Miguel le encanta ser el encargado de hacerlo. El momento en que la luz del fuego se refleja en las fotografías de mis padres, de mis amigos, de mis amores pasados y siempre presentes, mi corazón se enciende inevitablemente.

CUANDO NO HABÍA FRONTERAS

 UANDO NO HABÍA FRONTERAS, OBVIA-mente no había propiedad privada. Todo era de todos. Todo aquello que volaba compartía el cielo con aves de todo tipo. Todo aquello que nadaba compartía la inmensidad del mar con otros animales marinos. Todo aquello que reptaba o caminaba compartía la tierra y sus productos con el ser humano: las flores, los frutos, las semillas, las plantas, las rocas, los mares, los pastos, los vientos, los amaneceres y los atardeceres. Bebían agua del mismo río, respiraban el mismo aire y se movían de un lado a otro con total libertad y sin tener que respetar límites preestablecidos. Las cuestiones climatológicas eran las que impulsaban a unos y a otros a moverse de un sitio a otro en busca de mejores condiciones de vida. Las mariposas sabían cuándo emigrar. Los animales cuándo hibernar. Los hombres cuándo sembrar y cuándo cosechar. Todo con base en el conocimiento obtenido de la naturaleza, mismo que les daba claridad para anticiparse a los acontecimientos.

De manera intuitiva y utilizando el sentido común, todos mantenían limpia el agua del río del que iban a beber. Comprendían que para sobrevivir, tenían que mantener encendido el fuego. Proteger su cuerpo del frío. Cuidar la siembra. Cuidar los bosques, cuidarse los unos a los otros, pues el sostenimiento de la vida era una responsabilidad compartida. Con esa acción colectiva, más tarde surgirían grandes civilizaciones que darían fe de significativos adelantos en el campo de la astronomía, la agricultura, la ciencia, el arte. En el camino del desarrollo no siempre prevaleció la idea de la unidad. En determinado momento, los hombres primitivos descubrieron que una manera efectiva de asegurar su alimento y su espacio era marcando territorio y estableciendo barreras.

¿Cómo lo lograron? Por medio de la ley de la selva. El más fuerte era el que imponía su dominio sobre los otros, y a los demás no les quedaba otra que obedecer sus reglas a riesgo de sufrir una fuerte

represalia o perder la vida. Los débiles se doblega-
ron y se convirtieron en un conglomerado pasivo
que básicamente seguía órdenes del que estaba
arriba de ellos.

Se tiene información de que Teotihuacan o Tula
fueron ciudades en donde no siempre existió una
organización piramidal, sino que había una organización comunitaria.

También se sabe que en la distribución de las tie-
rras se tomaba en cuenta a todos los habitantes de
una población, y que el intercambio de mercancías
se establecía por medio del trueque, no de monedas.

Me gustaría saber en qué momento pusimos
mucha más dedicación al cuidado del dinero que
a la vida misma. El descuido ha sido tal que estamos enfrentando una crisis global de enormes pro-
porciones que nos está recordando que aquello que
requiere de nuestra atención inmediata es precisamente aquello que nos permitió desarrollar-
nos: el cuidado de los mares, de los ríos, del aire
que respiramos, de los alimentos que cultiva-
mos. Estamos hablando de una responsabilidad
compartida, pues nos concierne a todos por igual.
Todo es de todos.

Actualmente este concepto es muy difícil de entender. ¿Qué significa que "todo sea de todos"? No, de ninguna manera. Todas las cosas tienen dueño: la tierra, el agua, el espacio aéreo, las aguas territoriales, bueno, hasta los genes.

Ya no podemos transitar libremente entre diferentes países sin un pasaporte de por medio. Ya no podemos emigrar buscando mejores condiciones de vida. Ya no podemos establecernos cerca de un río del que podamos beber, ni sembrar donde nos plazca, no se diga construir una cabaña.

Bueno, ahora es imposible viajar con una semilla para sembrarla en otro lugar. Se necesita permiso de exportación y de importación. En los últimos cien años el 70 % de las semillas del mundo se ha perdido. Los grandes laboratorios son quienes ahora las manejan, las modifican genéticamente y luego nos las venden. Cada día es más difícil escapar de las asfixiantes reglas que nos impone un sistema suicida y depredador.

El único que por el momento goza del privilegio de transitar de un país a otro y de un cuerpo a otro sin ningún tipo de visa, pasaporte o control migratorio es el covid, pero a los seres humanos que abandonan sus lugares de origen con la intención de buscar una forma digna de ganarse la vida no les es permitido viajar. Ningún migrante debería ser ilegal. Ninguna semilla tampoco.

A veces me invade la nostalgia de ese tiempo pasado en que todo fluía libremente. Igual que como ahora fluyen las imágenes entre los celulares, entre los ordenadores, entre las pantallas, sólo que en tiempos pasados circulaban de manera gratuita. Como los recuerdos de infancia cuando se escapan de una foto. Como brotan las palabras, los llantos, las risas cuando visitamos el patio de nuestra primera casa. Como viajan los olores cuando molemos en el metate de la abuela. Así, con fuerza, con potencia, sin barreras, sin pasaporte, sin sellos de migración.

Las palabras que salieron de mi computadora por un año continuo lo hicieron con la vocación de viajar, de enlazar, de abrazar más allá de toda limitación.

En estos meses de encierro, escribir fue mi acto de libertad. De viajar. Y en ese sentido, estoy muy agradecida con la plataforma de Patreon, pues me permitió alcanzar a mucha gente a pesar de la distancia que la física impone, y compartir con lectores y amigos material inédito proveniente de mi pasado familiar, social, espiritual.

Patreon funciona con base en la generosidad. Los que se inscribieron en mi página se comprometieron a ser mis mecenas por un tiempo. A cambio de su aportación económica, cada mes yo subía a la plataforma un texto en español y en inglés. Un audio narrado por mí en español y por Yareli Arizmendi en idioma inglés. Y un video en Lengua de Señas Mexicana grabado por Sandra Lair Trejo.

Fue un intercambio amoroso, intenso, directo entre autor y lector. Fue una manera nueva de fluir, de enlazar, de viajar, de amar. Gracias por apoyarme. En verdad les agradezco que en un momento en que los proyectos editoriales se detuvieron y la industria editorial se inclinó por lo más vendible para sobrellevar la pandemia, ustedes apostaron por mí y apoyaron este proyecto. Me hicieron sentir arropada. Gracias a ustedes pude hablar por mí y por muchos otros. Recordé a los que me engendraron, a los que me recibieron, a los que me sostuvieron y a los que nunca conocí pero me influyeron.

Hemos compartido trece lunas. Un ciclo. Y creo que es el momento de poner una pausa. Con esta entrega doy por terminado mi proyecto dentro de Patreon, que llevó por título Lo que yo vi. Cuando comenzamos esta aventura les mencioné que estábamos participando en un proyecto de colaboración y que el nombre de todos ustedes aparecería en mi lista de agradecimientos, aparte de que recibirían un libro autografiado de la primera edición. Ese momento llegó.

Gracias a Adelina Lasso de la Vega, Alberto Escobar, Alejandra Pérez, Alejandro Berroa Álvarez, Alondra Maldonado Rodriguera, Antonella Conti, Aurora Gutiérrez, Bianca Morales, Carolina Bassini, César Daniel González, Madruga Emilia Arau, Esperanza Beltrán, Fer Godoy, Gonzalo Castells, Guillermo Santiago, Ilene Liff-Mier, Isabel Molina, Jordi Castells, Jordi J. Castells Rivera, Julia Díaz, Katarina Nordin, Katrien De Moor, Klaryz Ross García Garnica, Laura Luz, Leeann Bortolussi, Leticia Lozada, Marcela Zendejas Lasso de la Vega, Marcela Esquivel, Marcela Fuentes-Berain, Marcela Rodríguez, María Luisa (Chica) Ginesta, Marisol Vecchi Prensa, Martha Cassab, Mercedes Casanovas, Olga de los Reyes, Pablo Espinosa, Paul

Salfen, Paula Joana, Pía Sarmiento, Nayeli Mancera, Rita Castells, Rita Esquivel, Roberto Valdés Alanís, Rosalía Esquivel, Rossana Arau, Rubén Guerrero Díaz Mercado, Sandra Arau, Sarah Plant, Sergio Arau, Soumaya S. Domit, Susana Magdalena Patiño González, Vivek Boray, Yareli Arizmendi.

Este liberador viaje no habría sido posible sin el apoyo y la compañía de mi familia. Agradezco a mi hija Sandra Arau, mi eterna cómplice, mi compañera incansable, por traducir mis palabras al inglés para que pudieran viajar fuera de México.

Agradezco a Yareli Arizmendi por regalarnos su poderosa voz, que llenó de profundos y sutiles matices la versión de audio en inglés.

Agradezco a Gonzalo Castells su enorme generosidad y entrega para editar mi voz en el audio en español.

Agradezco a Sandra Lair Trejo su sensacional interpretación del texto en Lengua de Señas Mexicana.

Gracias a Antonella Conti por su imprescindible ayuda cibernética para el diseño de la página de Patreon y por su gran ayuda en el manejo de las redes sociales.

También quiero agradecer a mis editores de Penguin Random House, David García Escamilla y Michelle Griffing, por su apoyo y acompañamiento.

Y en verdad, gracias nuevamente a todos mis mecenas. Su generosa ayuda es la prueba de que los seres humanos estamos dispuestos a cuidarnos los unos a los otros. Como fue en un inicio, cuando no había fronteras, cuando todos nos responsabilizábamos de todo, de la semilla, del árbol, del agua, del aire, del monte, del fuego. Siento que estamos en el umbral de una nueva era donde resuena con fuerza esa memoria colectiva de unidad, de común-unidad. Esa memoria que vibra en lo más profundo del interior de todos los seres vivientes. Sólo bajo el cuidado de los unos sobre los otros saldremos adelante. Con esta certeza me quedo. Ése es el regalo que me brindaron con su generosidad, y por lo mismo, a partir de este momento todos ustedes, queridos mecenas, pasan a formar parte de los recuerdos más esperanzadores de Lo que yo vi.

LO
QUE
YO
VI